Coleção

Eu gosto m@is

CÉLIA PASSOS

Cursou Pedagogia na Faculdade de Ciências Humanas de Olinda – PE, com licenciaturas em Educação Especial e Orientação Educacional. Professora do Ensino Fundamental e Médio (Magistério), e coordenadora escolar de 1978 a 1990.

ZENEIDE SILVA

Cursou Pedagogia na Universidade Católica de Pernambuco, com licenciatura em Supervisão Escolar. Pós-graduada em Literatura Infantil. Mestra em Formação de Educador pela Universidade Isla, Vila de Nova Gaia, Portugal. Assessora Pedagógica, professora do Ensino Fundamental e supervisora escolar desde 1986.

3º ANO

ENSINO FUNDAMENTAL

MATEMÁTICA

4ª edição
São Paulo
2018

IBEP

Coleção Eu Gosto Mais
Matemática 3º ano
© IBEP, 2018

Diretor superintendente	Jorge Yunes
Diretora editorial	Célia de Assis
Coordenadora editorial	Adriane Gozzo
Assessoria pedagógica	Valdeci Loch
Editor	Jefferson Cevada e Mizue Jyo
Assistentes editoriais	Gabriel Santos Novaes, Cesar Pereira Resende e Selma Gomes
Revisores	Denise Santos, Janaína Silva, Jaci Albuquerque e Cássio Pelin
Secretaria editorial e processos	Elza Mizue Hata Fujihara
Coordenadora de arte	Karina Monteiro
Assistente de arte	Aline Benitez
Assistentes de iconografia	Victoria Lopes, Irene Araújo e Ana Cristina Melchert
Ilustração	Imaginario Studio, João Anselmo e Izomar, M10 Editorial
Projeto gráfico e capa	Departamento de Arte – Ibep
Ilustração da capa	Manifesto Game Studio/BoxEdea
Diagramação	NPublic/Formato Comunicação

CIP-BRASIL. CATALOGAÇÃO NA PUBLICAÇÃO
SINDICATO NACIONAL DOS EDITORES DE LIVROS, RJ

P32e
4. ed.

Passos, Célia
Eu gosto mais matemática : 3º ano / Célia Passos, Zeneide Silva. - 4. ed. - Barueri [SP] : IBEP, 2018.
: il. (Eu gosto mais)

ISBN 978-85-342-4180-9 (aluno)
ISBN 978-85-342-4181-6 (professor)

1. Matemática - Estudo e ensino (Ensino fundamental). I. Silva, Zeneide. II. Título. III. Série.

18-50905 CDD: 372.7
CDU: 373.3.016:510

Meri Gleice Rodrigues de Souza - Bibliotecária CRB-7/6439

22/06/2018 02/07/2018

4ª edição – São Paulo – 2018

Rua Gomes de Carvalho, 1306, 12º andar, Vila Olímpia
São Paulo – SP – 04547-005 – Brasil – Tel.: (11) 2799-7799
www.editoraibep.com.br editoras@ibep-nacional.com.br

Impresso na Gráfica FTD

APRESENTAÇÃO

Querido aluno, querida aluna,

Elaboramos para vocês a Coleção **Eu gosto m@is**, rica em conteúdos e atividades interessantes, para acompanhá-los em seu aprendizado.

Desejamos muito que cada lição e cada atividade possam fazer vocês ampliarem seus conhecimentos e suas habilidades nessa fase de desenvolvimento da vida escolar.

Por meio do conhecimento, podemos contribuir para a construção de uma sociedade mais justa e fraterna: esse é o nosso objetivo ao elaborar esta coleção.

Um grande abraço,

As autoras

SUMÁRIO

LIÇÃO 1

Os números e sua história

Sistema de numeração egípcio

Os números surgiram quando as pessoas sentiram necessidade de contar e registrar a quantidade de seus animais, alimentos e objetos.

Inicialmente, os registros das quantidades eram bem diferentes daqueles que usamos no nosso dia a dia. Cada civilização tinha sua maneira de representar quantidades.

Veja os símbolos criados pelos egípcios.

Símbolo egípcio	𓏺	𓎆	𓍢	𓆼	𓂭	𓆐	𓁨
Descrição	bastão	calcanhar	corda enrolada	flor de lótus	dedo dobrado	girino	homem ajoelhado
Número indo--arábico	1	10	100	1 000	10 000	100 000	1 000 000

Veja, na tabela, como eram representados os números de 1 a 9.

1	2	3	4	5	6	7	8	9
I	II	III	IIII	IIIII	IIIIII	IIIIIII	IIIIIIII	IIIIIIIII

Para representar outros números, os egípcios repetiam os símbolos até que pudessem trocá-los pelo próximo símbolo. Veja os números de 10 a 19.

10	11	12	13	14	15	16	17	18	19
∩	∩I	∩II	∩III	∩IIII	∩IIIII	∩IIIIII	∩IIIIIII	∩IIIIIIII	∩IIIIIIIII

O 20 era representado por ∩∩.
Veja as outras dezenas inteiras.

30 ∩∩∩
40 ∩∩∩∩
50 ∩∩∩∩∩
60 ∩∩∩∩∩∩
70 ∩∩∩∩∩∩∩
80 ∩∩∩∩∩∩∩∩
90 ∩∩∩∩∩∩∩∩∩

Para registrar 100, em vez de escrever ∩∩∩∩∩∩∩∩∩∩, trocavam esse agrupamento por um símbolo novo, que parecia um pedaço de corda enrolada: 𓍢.

Agora observe, por exemplo, alguns modos como os egípcios escreviam o número 342.

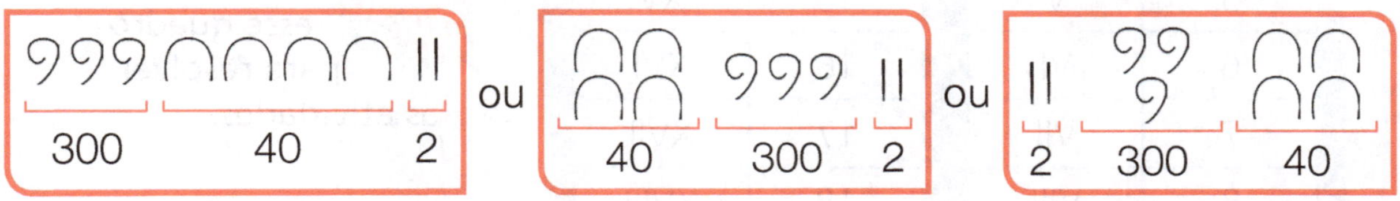

ATIVIDADE

1 Represente os números com símbolos egípcios.

a) 23 ____________________

b) 234 ____________________

c) 517 ____________________

d) 111 ____________________

e) 999 ____________________

Sistema de numeração romano

Os romanos usavam um sistema de numeração interessante para representar os números.

Eles escolheram sete letras e atribuíram valores a cada uma delas.

I	V	X	L	C	D	M
1	5	10	50	100	500	1 000
um	cinco	dez	cinquenta	cem	quinhentos	mil

Conheça a escrita numérica romana até 20.

1	I	11	XI
2	II	12	XII
3	III	13	XIII
4	IV	14	XIV
5	V	15	XV
6	VI	16	XVI
7	VII	17	XVII
8	VIII	18	XVIII
9	IX	19	XIX
10	X	20	XX

Consulte esse quadro para resolver as atividades.

Observando a tabela acima, é possível destacar algumas regras desse sistema:

- as letras **I** e **X**, que valem 1 e 10, respectivamente, podem se repetir até **3** vezes;
- a letra **V** vale 5. Colocando **I à esquerda**, escrevemos 4 (IV). Então, o **I** colocado **à esquerda** do **V** indica que devemos **diminuir** 1.
- colocando **I à direita** de **V**, escrevemos 6 (VI). Então, o **I** colocado **à direita do V** indica que devemos **somar** 1.
- o mesmo acontece com o **X**, que vale 10. IX vale 9 e XI vale 11.

ATIVIDADES

1 Represente em algarismos romanos os seguintes números.

10 15 20 2

4 19 5 18

2 Faça a correspondência entre números indo-arábicos e números romanos.

1 3 6 8 9 12 20

XX IX VIII XII I VI III

3 Complete a sequência.

I, II, ___, ___, V, ___, ___, VIII, ___, X, ___, ___, ___,

XIV, ___, ___, ___, ___, ___, XX.

4 Escreva os números romanos que vêm imediatamente antes e depois.

a) ___ XII ___

b) ___ VII ___

c) ___ XIX ___

d) ___ II ___

e) ___ IV ___

f) ___ XVIII ___

g) ___ X ___

h) ___ V ___

5 Ligue os pontos na sequência numérica.

OSVALDO SEQUETIN

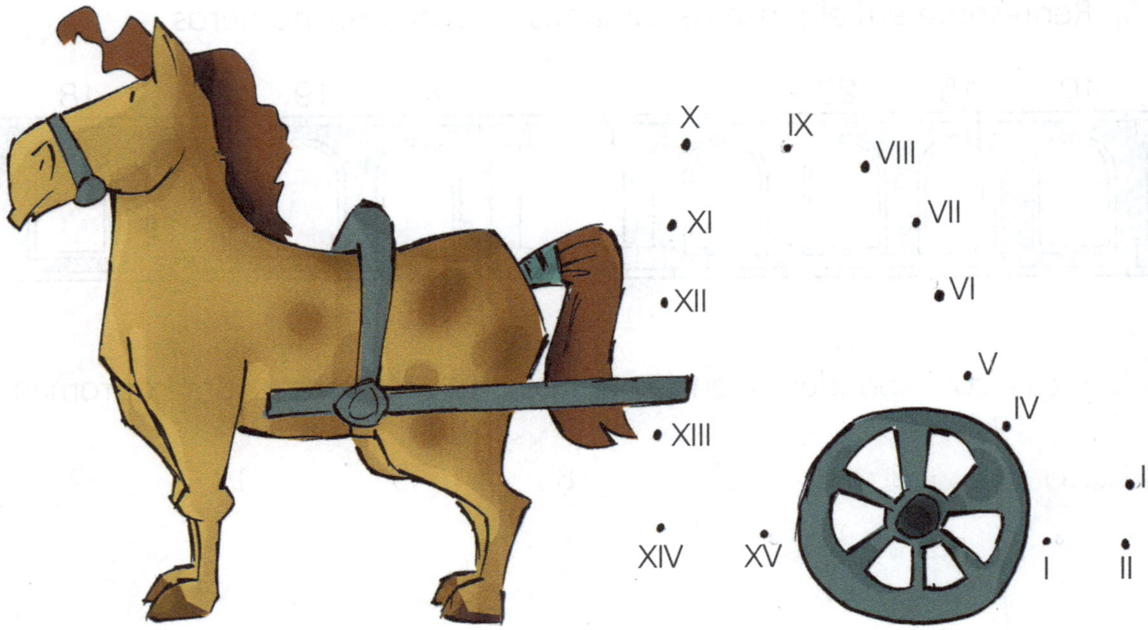

Até hoje a escrita numérica dos romanos é utilizada.
Os séculos são representados nessa escrita.
Os capítulos de livros, assim como seus volumes, também são numerados pelos algarismos romanos.
Os relógios de pulso, de bolso e modelos de parede conservam um charme especial com a representação numérica romana.

LEIA MAIS

Oscar Guelli. *Contando a História da Matemática* – Volume 1 – A Invenção dos Números. São Paulo: Ática, 1996.
Apresenta a interessante história do aparecimento dos números, desde o uso dos dedos, passando por marcas em ossos, pedras, até o surgimento dos algarismos.

LIÇÃO 2

Números no dia a dia

Existem vários sistemas de numeração, porém o mais utilizado é o **Sistema de Numeração Decimal**. Nesse sistema, os agrupamentos são organizados em quantidades de 10, e, para representar os números, são utilizados símbolos que chamamos algarismos **indo-arábicos**. São assim chamados porque foram criados pelos hindus e divulgados pelos árabes ao longo do tempo. Com apenas 10 símbolos (os 10 algarismos) é possível escrever qualquer número. Esses 10 algarismos passaram por diversas transformações até chegarem aos que usamos hoje.

COLEÇÃO PARTICULAR

Hoje fazemos uso desses símbolos (e dos números compostos por eles) nas mais diversas situações.

AFRICA STUDIO/ SHUTTERSTOCK

Em situações de comunicação, como na telefonia móvel, utilizamos os números com o significado de código, por exemplo, para entrar em contato com alguém.

- Você sabe para que utilizamos os números?

ATIVIDADES

1 Responda.

a) Qual é a data do seu nascimento? ______________________

b) Qual é sua idade? ______ anos

c) Qual é sua altura? ______ metros e ______ centímetros

d) Qual é o número do seu sapato? ______________________

2 Escreva quantos algarismos há em cada número representado abaixo.

a) 7 ______

b) 6503 ______

c) 136 ______

d) 1200 ______

e) 4 ______

f) 47 ______

g) 32 ______

h) 100 ______

i) 98 ______

j) 9828 ______

k) 19 ______

l) 321 ______

3 Represente as quantidades por meio de números.

a) catorze ______

b) setecentos e trinta ______

c) cento e vinte e oito ______

d) cinquenta e oito ______

e) vinte ______

f) onze ______

g) dezesseis ______

h) dois ______

i) trezentos e dez ______

j) quatrocentos ______

4 Com os algarismos 7 9 8, forme todos os números possíveis:

a) com 2 algarismos não repetidos. ______________________

b) com 3 algarismos não repetidos. ______________________

INFORMAÇÃO E ESTATÍSTICA

A tabela a seguir apresenta a quantidade de materiais recicláveis coletados por duas empresas de coleta: a empresa Coleta Inteligente e a empresa Recicle Bem. Observe:

Materiais recicláveis	Coleta Inteligente	Recicle Bem
Papel	50	35
Plástico	30	20
Metal	10	40
Vidro	15	10

Organize as informações da tabela nos gráficos abaixo:

Materiais recicláveis coletados pela "Coleta Inteligente"

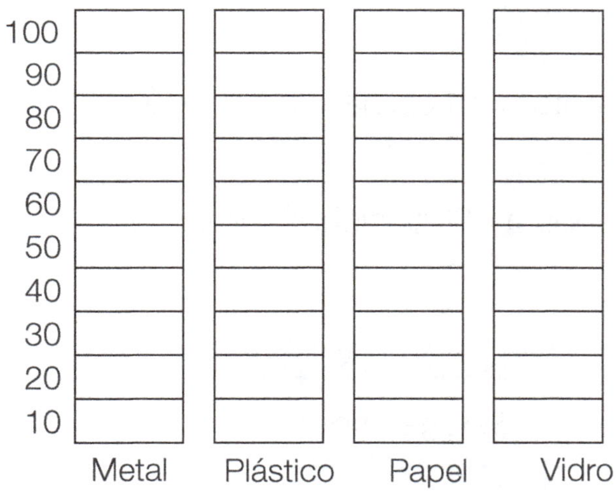

Materiais recicláveis coletados pela "Recicle Bem"

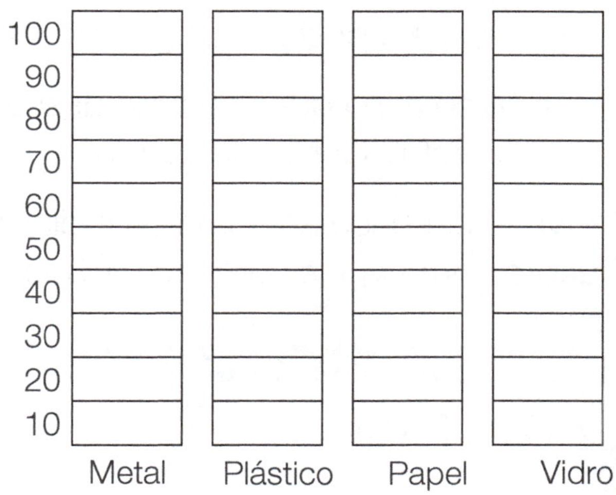

1 Qual empresa coletou maior número de materiais?

____

2 Qual empresa coletou maior número de materiais de metal?

____

Números ordinais

O instrutor está passando as orientações aos adolescentes que vão para uma excursão:

RICARDO PAONESSA

- Qual é a posição da menina de calçado amarelo? ________
- Se tivesse uma pessoa depois da garota de tiara, qual seria a posição dessa pessoa? ________
- Qual é a posição do garoto usando celular? ________
- Você acha que a atitude desse garoto com celular na fila está correta? Converse com os colegas.

Você conhece os números ordinais após a 10ª posição? Observe o quadro com alguns números ordinais.

10º	Décimo	60º	Sexagésimo
20º	Vigésimo	70º	Septuagésimo
30º	Trigésimo	80º	Octogésimo
40º	Quadragésimo	90º	Nonagésimo
50º	Quinquagésimo	100º	Centésimo

Agora veja como podemos ler outros números ordinais com base nessa tabela.

12º – **décimo** segundo

35º – **trigésimo** quinto

53º – **quinquagésimo** terceiro

81º – **octogésimo** primeiro

106º – **centésimo** sexto

Observe como podemos fazer a leitura de qualquer número ordinal a partir das dezenas exatas:

12º

10º décimo + 2º segundo = décimo segundo

ATIVIDADES

1 Complete com o nome ou com a representação numérica dos ordinais.

9º — nono

21ª — ______

______ — décimo segundo

30º — ______

15º — ______

______ — trigésima quarta

______ — quinquagésimo

51ª — ______

2 Responda.

- Qual é a 1ª letra do seu nome? ______
- Qual é a 3ª letra do seu nome? ______
- Qual é o nome do 9º mês do ano? ______
- Qual é o nome do 2º dia da semana? ______
- Qual é a 6ª letra do nosso alfabeto? ______

3 Observe a posição de cada letra na ordem alfabética.

A B C D E F G H I J K L M N O P Q R S T U V W X Y Z

Descubra o nome das brincadeiras preenchendo os quadros com as letras correspondentes à sua posição no alfabeto.

17ª	21ª	5ª	9ª	13ª	1ª	4ª	1ª

16ª	5ª	7ª	1ª		16ª	5ª	7ª	1ª
				-				

Você conhece essas brincadeiras? ______

4 Com seus colegas, organize uma fila em ordem de tamanho, do maior para o menor. Depois, registre as posições.

- Quantos alunos estão na fila? ______
- Quem é o primeiro da fila? ______
- Quem é o último da fila? ______
- Qual é a sua posição na fila? ______

Dúzia e meia dúzia

Carmem e sua mãe foram fazer compras no mercado.
Veja o que elas compraram.

MW ED. ILUSTRAÇÕES

Produtos	Quantidade em unidades	Quantidade em dúzias
tomate	6	meia
banana	12	1
laranja	24	2
pregadores de roupa	36	3

12 bananas é o mesmo que **uma dúzia**.

6 tomates é o mesmo que **meia dúzia**.

Agora, é com você:

- 24 laranjas é o mesmo que ______________.
- 36 pregadores é o mesmo que ______________.

ATIVIDADES

1 Dona Lúcia fez uma lista dos ingredientes de que precisa para preparar uma sobremesa.

- 1 dúzia e meia de ovos
- 2 dúzias e meia de pêssegos
- 1 dúzia de maçãs
- 4 dúzias de morangos
- Meia dúzia de cachos de uva

Na feira, dona Lúcia pediu as quantidades da lista para o sr. Miguel. Agora, o sr. Miguel vai separar as quantidades pedidas por dona Lúcia e você vai ajudá-lo. Escreva os números correspondentes às quantidades escritas na lista. O primeiro já foi feito.

MW ED. ILUSTRAÇÕES

2 Faça o cálculo mental e assinale a resposta correta.

a) Antes de jogar, Luciano tinha 5 bolas de gude.
Agora, ele tem 17.
Luciano ganhou no jogo:

- [ ] 1 dezena de bolas de gude.
- [ ] 1 dúzia de bolas de gude.
- [ ] 1 dezena e meia de bolas de gude.

b) Maria tem 6 chocolates.
Quantos chocolates faltam para ter 24?

- [ ] 1 dúzia
- [ ] 2 dúzias
- [ ] 1 dúzia e meia

c) Chegaram ao mercado 5 dúzias e meia de ovos para vender.
Quantas unidades de ovos chegaram ao mercado?

- [ ] 60 ovos
- [ ] 66 ovos
- [ ] 72 ovos

3 Calcule mentalmente e complete.

a) Preciso juntar ________ a 4 para ter 1 dúzia.

b) Preciso juntar ________ a 14 para ter 1 dúzia e meia.

c) Preciso juntar ________ a 8 para ter 2 dúzias.

d) Preciso juntar ________ a 18 para ter 2 dúzias e meia.

e) Preciso juntar ________ a 14 para ter 3 dúzias.

PROBLEMAS

1 Para uma festa de aniversário, Daniela comprou 2 dúzias de pratos, 2 dúzias de copos e 3 dúzias de garfos. Ao todo, quantos objetos Daniela comprou para a festa de aniversário?

Cálculo

Resposta: ____________________

2 No pomar da escola há uma laranjeira repleta de frutos. Colhemos 4 dúzias e meia de laranjas só nessa laranjeira. Quantas unidades de laranjas colhemos?

Cálculo

Resposta: ____________________

3 Um criador de codornas pegou 2 dúzias de ovos que as aves botaram em um dia. Cozinhou meia dúzia para seus filhos no almoço. Quantos ovos de codorna sobraram?

Cálculo

Resposta: ____________________

4 Foram distribuídas igualmente 5 dúzias de livros infantis entre 3 classes do 3º ano. Quantos livros cada classe recebeu?

Cálculo

Resposta: ______________________________

5 Carlos tem 1 dúzia de carrinhos, Pedro tem o triplo. Quantas unidades de carrinhos os 2 têm juntos?

Cálculo

Resposta: ______________________________

6 Elisa comprou 1 dúzia de laranjas, meia dúzia de figos e 2 dúzias de bananas. Quantas frutas ela comprou ao todo?

Cálculo

Resposta: ______________________________

LIÇÃO 3

Sistema de Numeração Decimal – a unidade de milhar

Um pouco de história

A origem do sistema de numeração que é atualmente utilizado na maioria das culturas contemporâneas do Ocidente é muito antiga. Surgiu na Ásia, há muitos séculos, no vale do rio Indo, onde hoje é o Paquistão.

Já os primeiros exemplos preservados de nossos atuais símbolos numéricos são encontrados em algumas colunas de pedra que foram erigidas na Índia, por volta do ano 250 a.C., pelo rei Asóka. Outros exemplos, se corretamente interpretados, foram encontrados entre registros gravados em paredes de cavernas, perto de Poona, na Índia, por volta dos anos 100 a.C., bem como em algumas inscrições gravadas nas cavernas em Nasik, também na Índia, por volta de 200 a.C. Esses sistemas não eram posicionais e, portanto, não existia a necessidade de um símbolo que representasse o zero.

Até que fosse desenvolvida a numeração decimal, com a introdução do valor posicional e a utilização do zero, ainda se passariam alguns séculos. Provavelmente, essas modificações tenham sido introduzidas na Índia por volta do século V d.C.

[...]

A denominação **indo-arábico**, para o nosso sistema de numeração, deve-se ao fato de seus símbolos e suas regras terem sido desenvolvidos pelo antigo povo indiano, mas aperfeiçoados e divulgados pelos árabes.

Disponível em: <https://bit.ly/2z4j3UL>. Acesso em: 13 de jun. 2018.

Características do Sistema de Numeração Decimal

No Sistema de Numeração Decimal agrupamos as quantidades em 10. Cada 10 unidades de uma ordem forma uma unidade da ordem seguinte. Essa ideia fica mais clara se observamos o Material Dourado.

MILHAR	CENTENA	DEZENA	UNIDADE
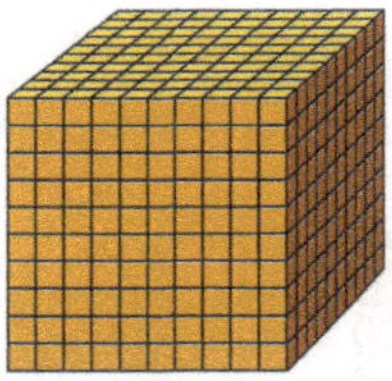			
1 unidade de milhar ou 10 centenas ou 100 dezenas ou 1 000 unidades	1 centena ou 10 dezenas ou 100 unidades	1 dezena ou 10 unidades	1 unidade

No Material Dourado, o **milhar** é representado pelo cubo, pois para formar um cubo com 1 000 cubinhos são necessárias 10 placas com 100 cubinhos cada uma.

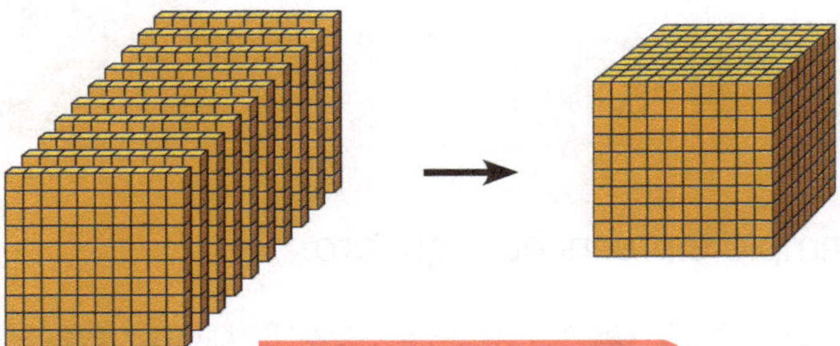

$10 \times 100 = 1\,000$

- Para fazer a troca de 2 cubos grandes por placas, quantas placas são? ______
- Para fazer a troca de 5 placas por barras, quantas barras são? ______
- Para fazer a troca de 8 barras por cubinhos, quantos cubinhos são? ______

ATIVIDADES

1 Observe as quantidades representadas com o Material Dourado e ligue as quantidades que se correspondem.

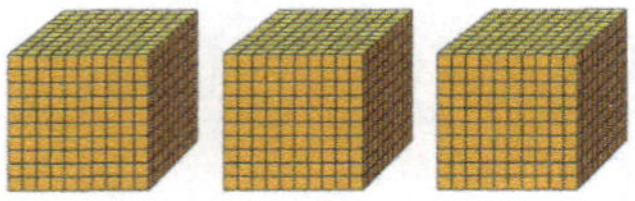

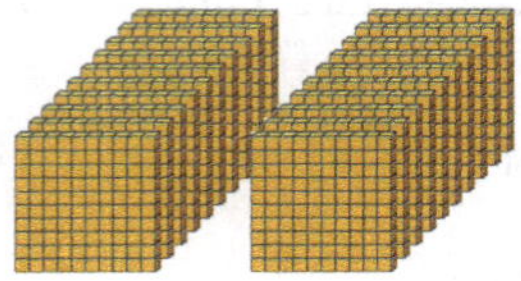

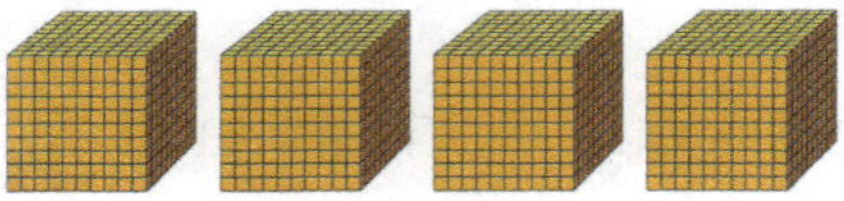

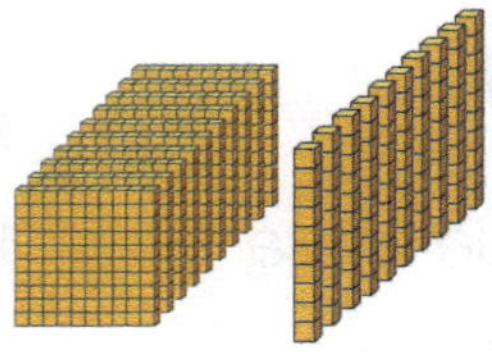

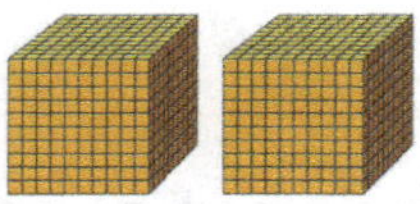

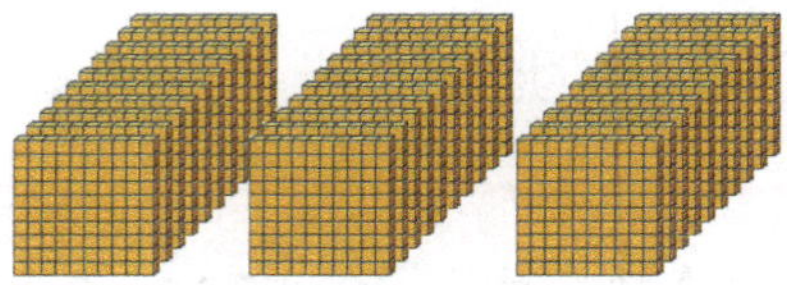

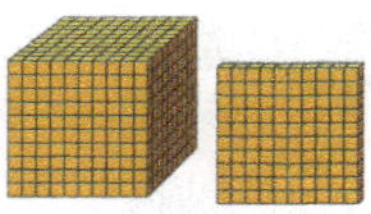

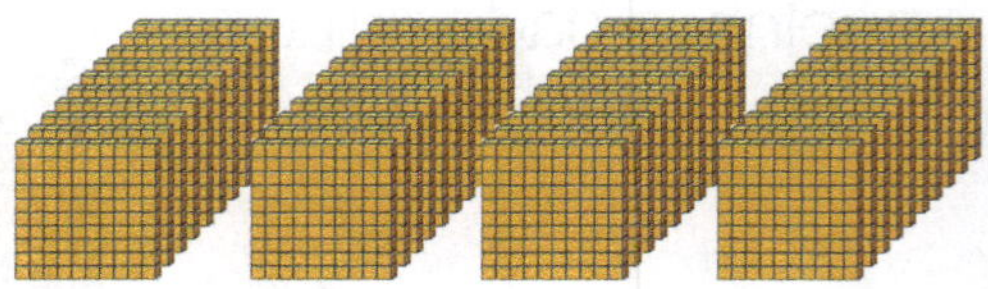

2 Observe o exemplo e preencha o quadro.

	1 200	mil e duzentos
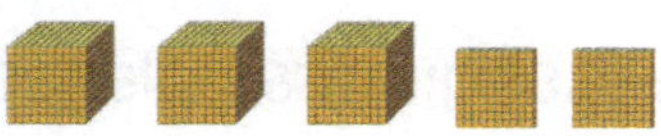		
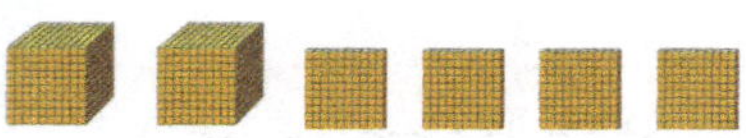		
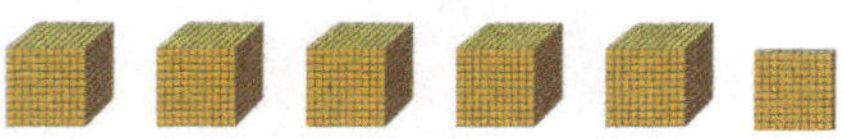		
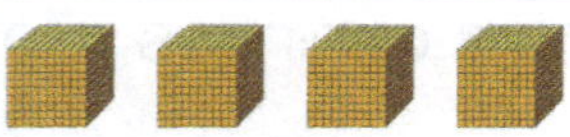		

A relação entre as quantidades de unidades de milhar e de centenas

Os agrupamentos e as trocas no Sistema de Numeração Decimal permitem algumas composições. Vamos observar as composições e decomposições entre as unidades de milhar e as centenas.

Observe o número 2 300.

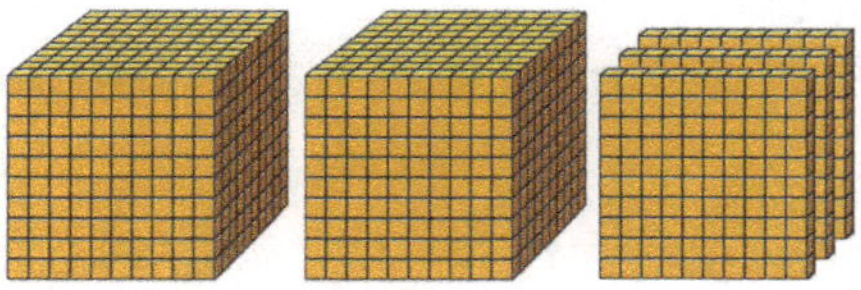

Observe o seguinte:

Dentro do número 2 300 cabem no máximo 2 unidades de milhar, ou seja:

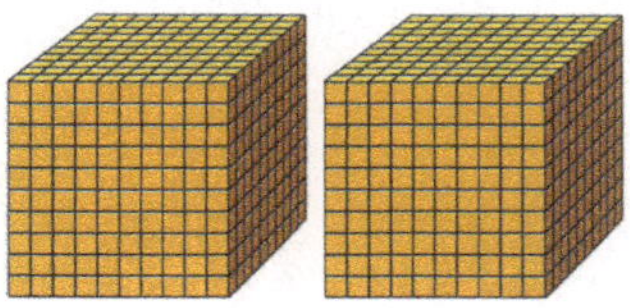

Dentro do número 2 300 cabem no máximo 23 centenas, ou seja:

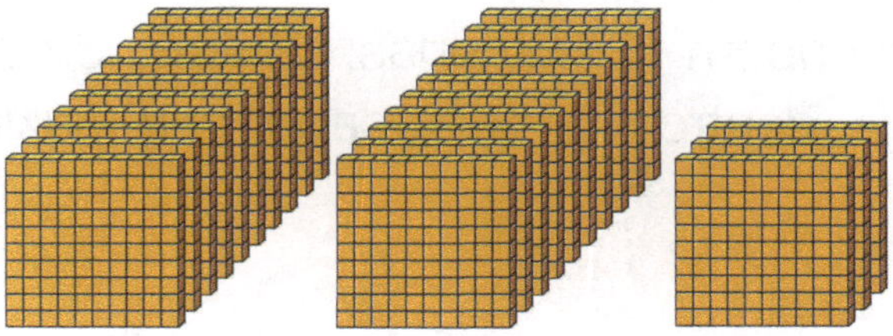

- Se, em vez de somente placas, fossem somente barras? Quantas barras seriam necessárias para representarmos esse número?

ATIVIDADE

Observe o número 3 400 representado com o Material Dourado.

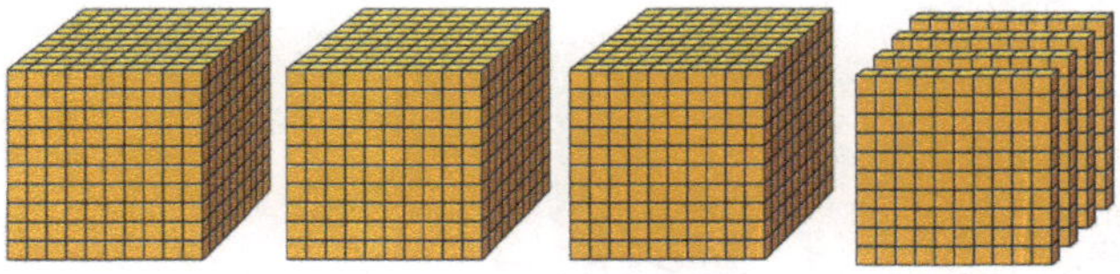

a) Quantas unidades de milhar cabem nesse número? ____________

b) Quantas centenas cabem nesse número? ____________

Diferentes representações dos números no Sistema de Numeração Decimal

Os números podem ser representados de diversos modos. Observe as diferentes representações do número 1 325:

Com o Material Dourado:

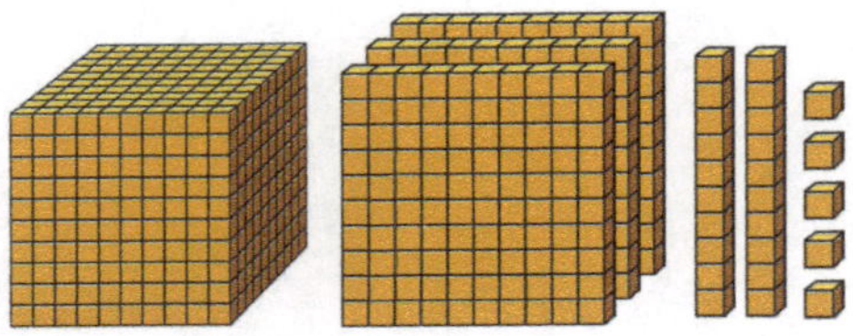

No quadro de ordens:

Unidade de milhar	Centena	Dezena	Unidade
1	3	2	5

Por decomposição:
1 325 = 1 × 1 000 + 3 × 100 + 2 × 10 + 5 × 1

Por composição:
1 000 + 300 + 20 + 5 = 1 325

Com base nisso, podemos dizer que em **1 325** cabe 1 unidade de milhar; cabem 13 centenas; cabem 132 dezenas; cabem 1 325 unidades. Ou seja, dentro de 1 325, cabem no máximo:

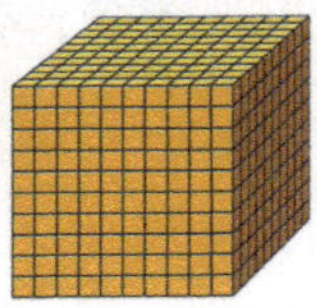

1 cubo grande

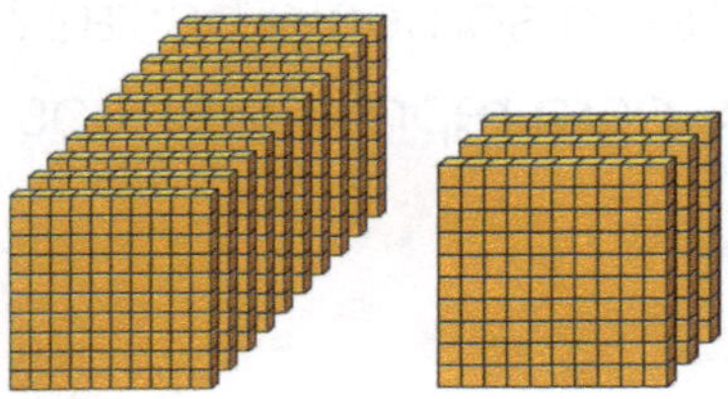

13 placas

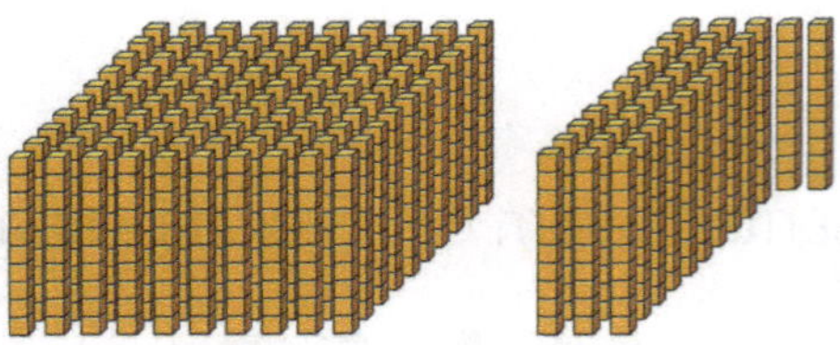

132 barras

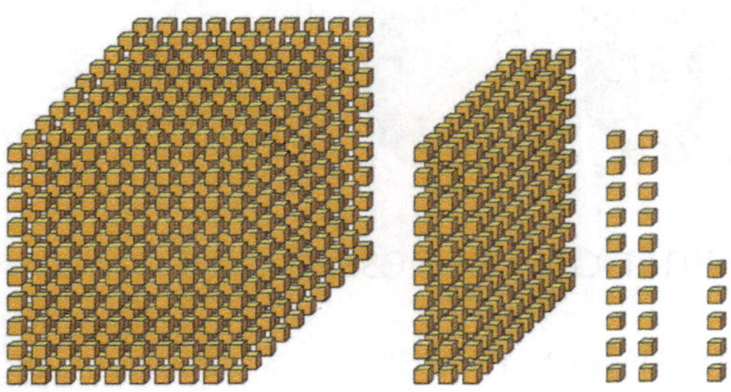

1 325 cubinhos

ATIVIDADES

1 Complete.

a) 100 unidades = ______ dezenas.

b) 1 centena = ______ dezenas.

c) 100 unidades = ______ centena.

d) 1 000 unidades = ______ unidade de milhar.

e) 10 centenas = ______ unidade de milhar.

2 Observe os números e complete:

a) 3 333

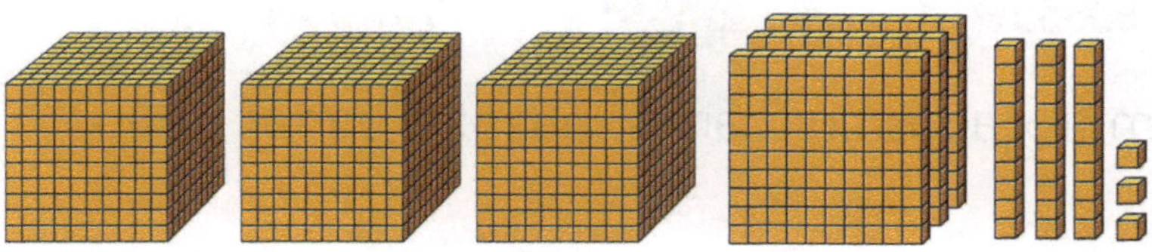

UM	C	D	U

3 333 = ______ × 1 000 + ______ × 100 + ______ × 10 + ______ × 1 ou

3 333 = 3 000 + __________ + __________ + ______

b) 2 407

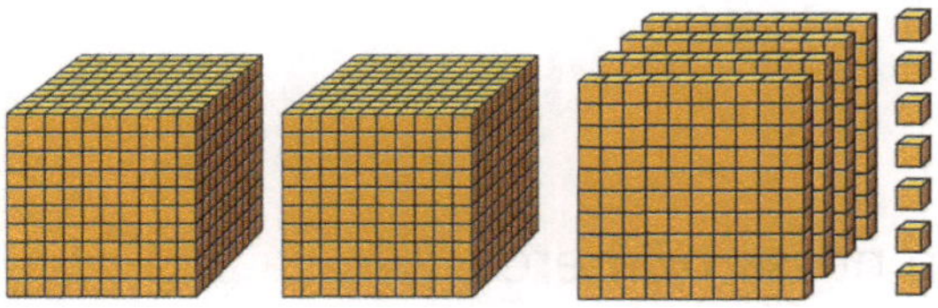

UM	C	D	U

2 407 = ______________________________________ ou

2 407 = ____________________________

3 Leia o número e escreva no quadro de ordens.

6 unidades de milhar, 3 centenas, 5 dezenas e 5 unidades

UM	C	D	U

4 Observe a representação deste número. Nele foram utilizados apenas cubinhos.

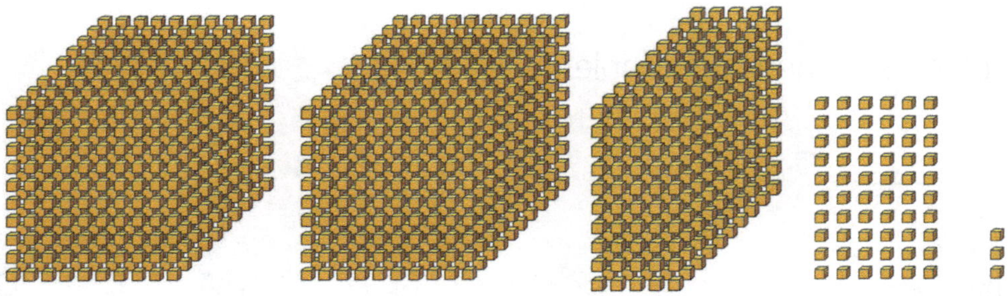

a) Se os cubinhos forem trocados por barras, quantas barras serão?

____

b) Se os cubinhos forem trocados por placas, quantas placas serão?

____

c) Se os cubinhos forem trocados por cubos grandes, quantos cubos grandes serão? ______________________________

5 Observe o número representado abaixo.

5 000

a) Quantas unidades de milhar cabem nesse número? ____________

b) Quantas centenas cabem nesse número? ____________

c) Quantas dezenas cabem nesse número? ____________

d) Quantas unidades cabem nesse número? ____________

6 Observe os números nos quadros de ordens e complete:

UM	C	D	U
4	3	3	9

Esse número tem:

4 unidades de milhar;

43 centenas;

433 dezenas;

_______ unidades.

UM	C	D	U
7	2	9	3

Esse número tem:

_______ unidades de milhar;

_______ centenas;

_______ dezenas;

_______ unidades.

7 Observe quatro maneiras de representar um número. Complete.

<table>
<tr><td>Com Material Dourado:
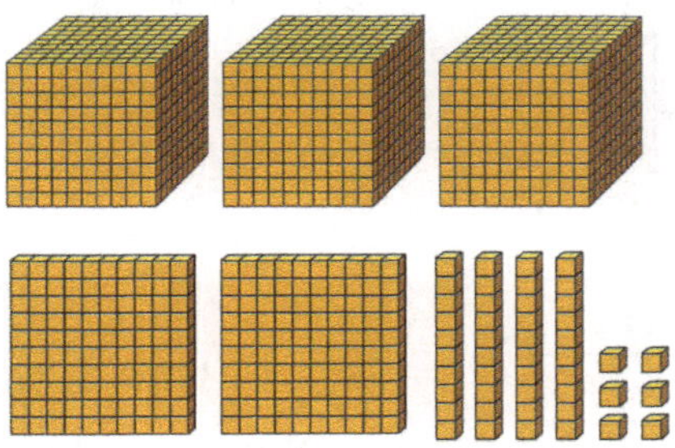</td><td>Com Material Dourado:
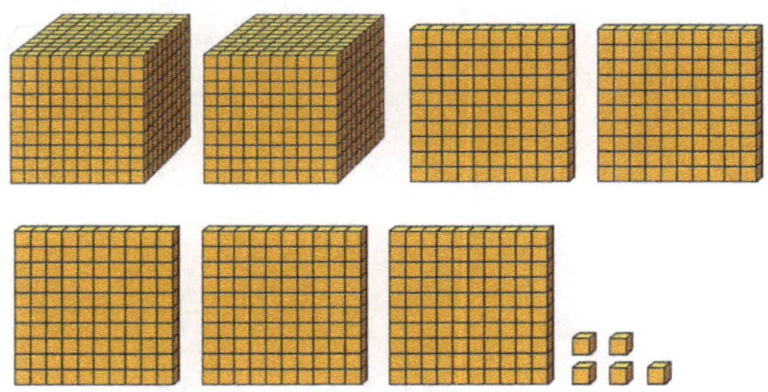</td></tr>
<tr><td>No quadro de ordens:
<table><tr><th>UM</th><th>C</th><th>D</th><th>U</th></tr><tr><td></td><td></td><td></td><td></td></tr></table></td><td>No quadro de ordens:
<table><tr><th>UM</th><th>C</th><th>D</th><th>U</th></tr><tr><td></td><td></td><td></td><td></td></tr></table></td></tr>
<tr><td>Por extenso:
_______________________________</td><td>Por extenso:
_______________________________</td></tr>
<tr><td>Por decomposição:
3 000 + ____ × 100 + ____ × 10 + ____ × 1
ou
______ + ______ + ______ + ______</td><td>Por decomposição:
____
ou
_______________________</td></tr>
</table>

Ordens e classes

Outra característica do nosso sistema de numeração é que ele segue o princípio do **valor posicional do algarismo**, isto é, cada algarismo tem um valor de acordo com a posição que ocupa na representação do número.

O **ábaco vertical** é um recurso que pode ser utilizado para representar unidades, dezenas, centenas, unidades de milhar, dezenas de milhar e centenas de milhar. Com ele fica mais fácil visualizar as posições e as ordens dos algarismos no Sistema de Numeração Decimal.

Observe a quantidade representada.

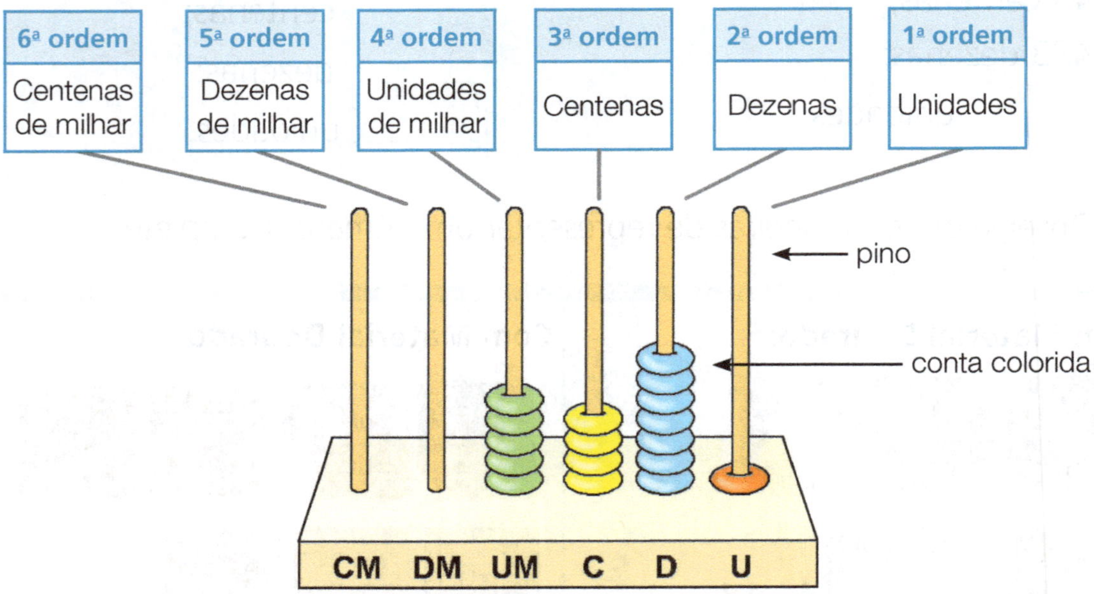

Cada pino do **ábaco vertical** representa uma ordem do Sistema de Numeração Decimal. A quantidade de contas coloridas em cada pino representa o valor da ordem. Três ordens formam uma classe.

Ordem	4ª	3ª	2ª	1ª
Nome	Unidade de milhar (UM)	Centena (C)	Dezena (D)	Unidade (U)
Quantidade de contas	5	4	7	1
Quantidade representada	5 × 1 000 = 5 000	4 × 100 = 400	7 × 10 = 70	1 × 1 = 1

Basta adicionar as quantidades para descobrir o número representado no ábaco: 5 000 + 400 + 70 + 1 = 5 471

Para melhor visualizar as classes e as ordens, utilizamos o quadro de ordens. Observe o número 5471 no quadro de ordens.

2ª CLASSE			1ª CLASSE		
Milhares			**Unidades**		
6ª ordem	5ª ordem	4ª ordem	3ª ordem	2ª ordem	1ª ordem
Centenas	**Dezenas**	**Unidades**	**Centenas**	**Dezenas**	**Unidades**
		5	4	7	1

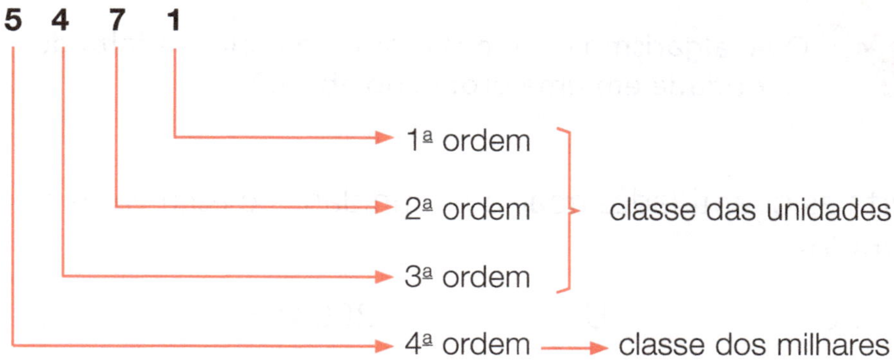

O número 5471 tem 4 ordens: 5 unidades de milhar, 4 centenas, 7 dezenas e 1 unidade.

ATIVIDADES

1 Escreva a quantidade representada em cada ábaco.

a)

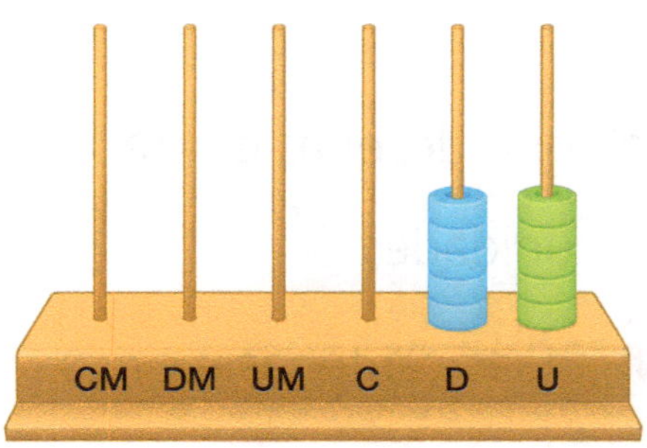

SHUTTERSTOCK/EDITORIA DE ARTE

____

b)

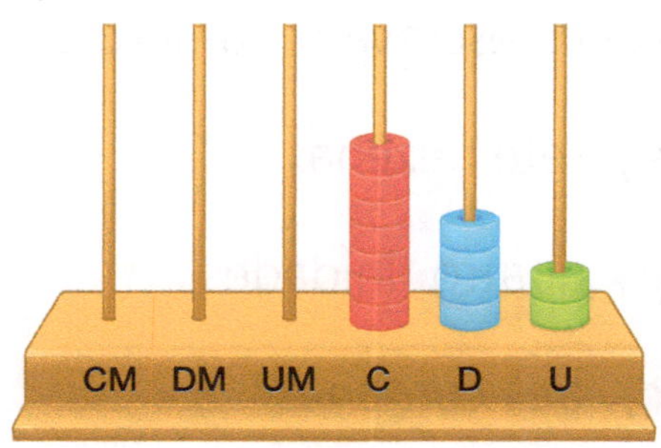

SHUTTERSTOCK/EDITORIA DE ARTE

____

c)

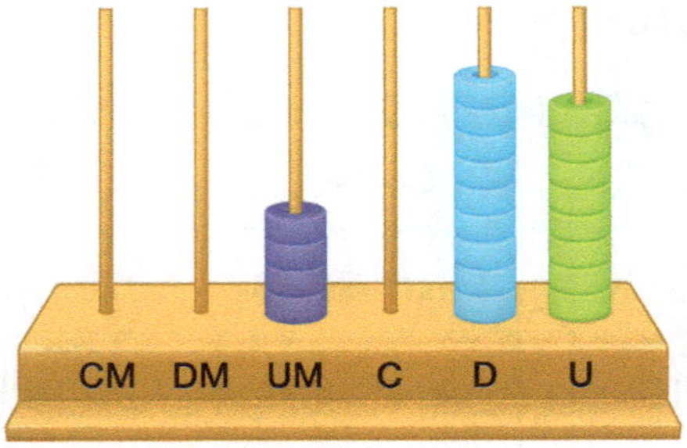

SHUTTERSTOCK/EDITORIA DE ARTE

______

d)

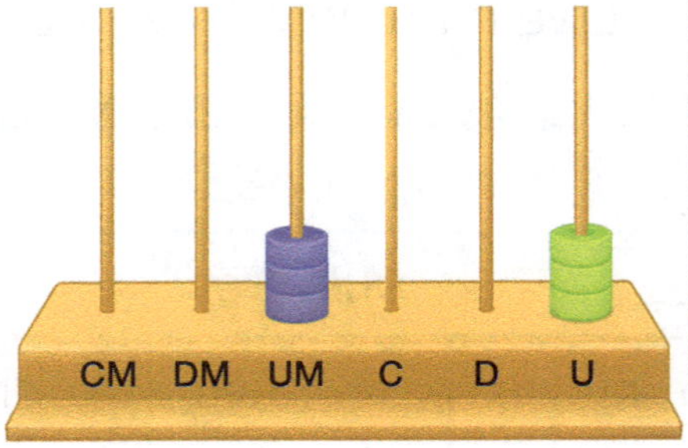

SHUTTERSTOCK/EDITORIA DE ARTE

______

Qual algarismo devemos usar para indicar a falta de quantidade em uma ordem do ábaco?

2 Converta as quantidades abaixo em unidades e escreva os números encontrados.

15 D e 6 U = ______ U

45 D e 8 U = ______ U

32 C = ______ U

7 C e 15 D = ______ U

260 D = ______ U

4 UM, 4 C e 4 D = ______ U

2 UM e 23 D = ______ U

1 UM e 2 D = ______ U

Agora, escreva esses números em ordem crescente.

______

______

3 Leia e escreva o número correspondente.

a) sete dezenas ______

b) quatro unidades ______

c) três centenas ______

d) setenta dezenas ______

e) oito dezenas e sete unidades ______

f) duas centenas e cinco dezenas ______

4 Escreva quantas ordens há em cada número.

263	______	1 001	______	9	______
100	______	562	______	4 003	______
10	______	999	______	10 000	______

5 Observe os números representados no quadro de ordens e complete as frases.

CLASSE DOS MILHARES			CLASSE DAS UNIDADES		
C	**D**	**U**	**C**	**D**	**U**
		5	4	9	2
		2	1	8	7

a) O número 5 492 tem ______ ordens e ______ classes.

- O algarismo 2 ocupa a ______ ordem, a das ______________________.
- O algarismo 9 ocupa a ______ ordem, a das ______________________.
- O algarismo 4 ocupa a ______ ordem, a das ______________________.
- O algarismo 5 ocupa a ______ ordem, a das ______________________.

b) O número 2 187 tem ________ ordens.

- O algarismo 8 ocupa a ________ ordem, a das ____________________.
- O algarismo 1 ocupa a ________ ordem, a das ____________________.
- O algarismo 2 ocupa a ________ ordem, a das ____________________.

PARA SE DIVERTIR

Descubra quantas vezes a sequência numérica

1 3 4 1 se repete no quadro abaixo.

1	2	5	2	1	5	2	3	1	2	6	3
0	2	5	1	1	2	5	2	2	3	5	4
0	1	2	6	1	0	1	5	1	2	5	2
1	1	3	4	1	1	3	5	1	2	1	0
2	1	0	1	2	5	2	0	1	1	5	1
1	3	5	1	0	3	1	2	5	2	1	5
2	1	2	5	2	1	3	4	1	0	1	2
1	1	5	1	3	4	1	1	2	1	5	3
2	1	5	2	4	2	5	2	1	3	4	1
0	2	5	1	3	1	2	5	2	1	2	3
4	1	2	5	2	4	7	3	1	3	4	1
3	7	5	1	7	1	2	6	1	0	2	5

LIÇÃO 4

Geometria não plana

Sólidos geométricos

Em nosso dia a dia, podemos observar diversas formas nas coisas que estão à nossa volta.

Construções de casas, templos, monumentos, objetos de decoração e até frutas, que fazem parte do nosso cotidiano, têm formas que lembram as dos sólidos geométricos. Veja alguns exemplos.

ABLESTOCK

As uvas lembram a forma da esfera.

CHRISTIAN KOBER/GETTY IMAGES

O prédio do Centro Nacional Aquático, em Pequim, lembra a forma do paralelepípedo.

ABLESTOCK

O vaso lembra a forma do cilindro.

Bola de futebol.

Lata.

IMAGENS: EDSON ANTUNES/NPUBLIC

Caixa de chocolate.

Cubo mágico.

Observe estes sólidos geométricos e seus respectivos nomes.

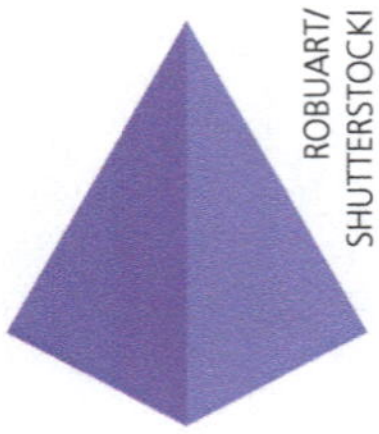
ROBUART/SHUTTERSTOCK

pirâmide

ROBUART/SHUTTERSTOCK

prisma

ASANTOSG/SHUTTERSTOCK

cubo

ALBERT999/SHUTTERSTOCK

paralelepípedo

Os sólidos que apresentam apenas **superfícies planas** são chamados **poliedros**.

Veja os elementos dos poliedros:

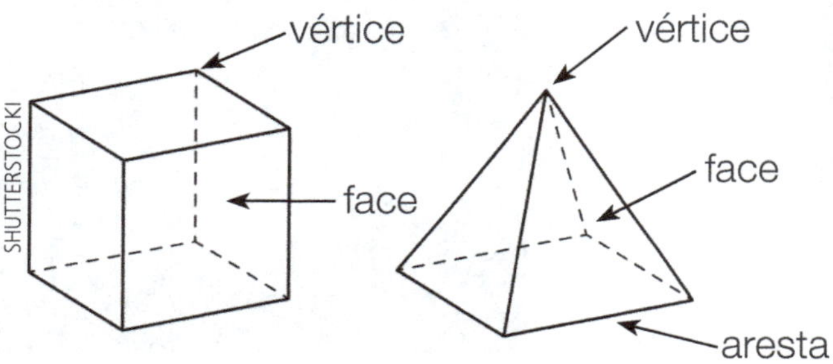

ATTAPHONG/SHUTTERSTOCK

Observe estes outros sólidos geométricos.

MACROVETOR/SHUTTERSTOCK

Os sólidos que apresentam **superfícies curvas** são chamados **corpos redondos**.

ATIVIDADES

1 Com qual sólido geométrico os objetos se parecem?

____

AED

____

LF

____

____

ALES

____

LF

____

____

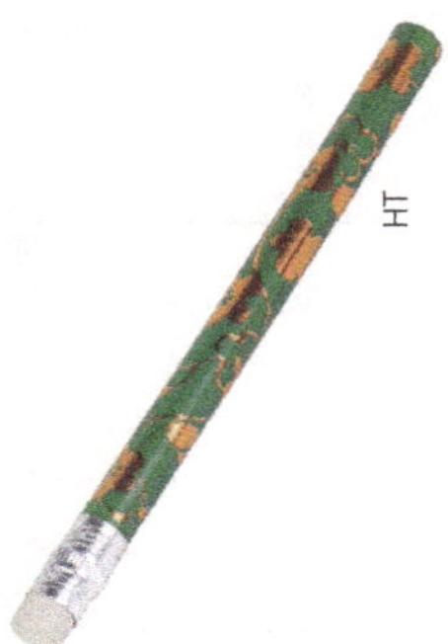

HT

____

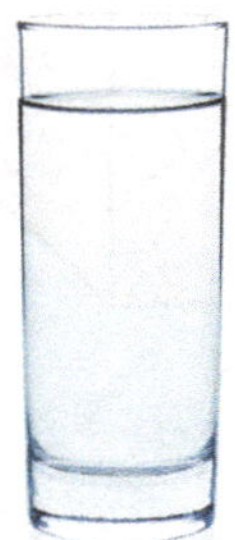

EK

____

AS IMAGENS NÃO ESTÃO EM PROPORÇÃO ENTRE SI.

ABLESTOCK (AS); ALEXANDER SHIROKOV (ALES); ACERVO DA EDITORA (AED); EVGENY KARANDAEV (EK); HEMERA TECHNOLOGIES (HT); JUPITER IMAGES (JI); LAURENI FOCHETTO (LF); STOCK.XCHN (SX).

2 Vamos montar sólidos geométricos?

Para montar os volumes que representam sólidos geométricos, você vai precisar de:

- tesoura
- cola

Instruções

1. Recorte os moldes do Almanaque seguindo as instruções.

Recorte nas linhas tracejadas e dobre nas linhas cheias.

2. Cole onde as linhas forem assim .

Desse modo, você poderá montar um cubo, um paralelepípedo e uma pirâmide.

Monte inicialmente o cubo e observe.

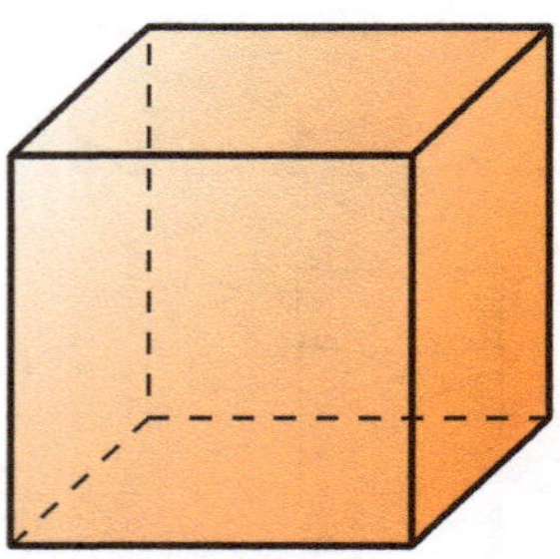

cubo

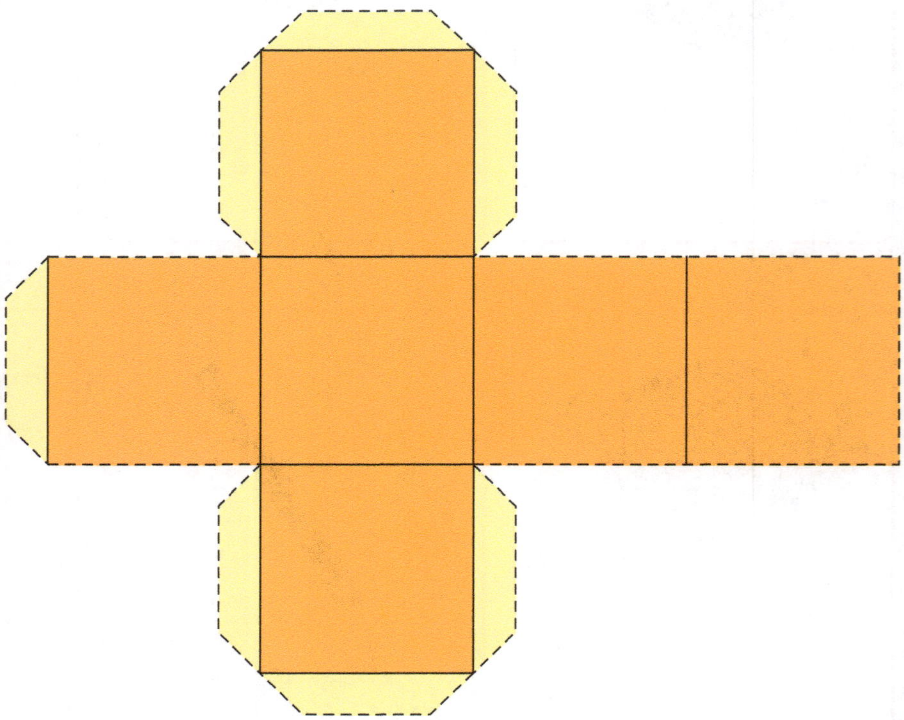

3 Observe a representação do paralelepípedo que você montou e responda.

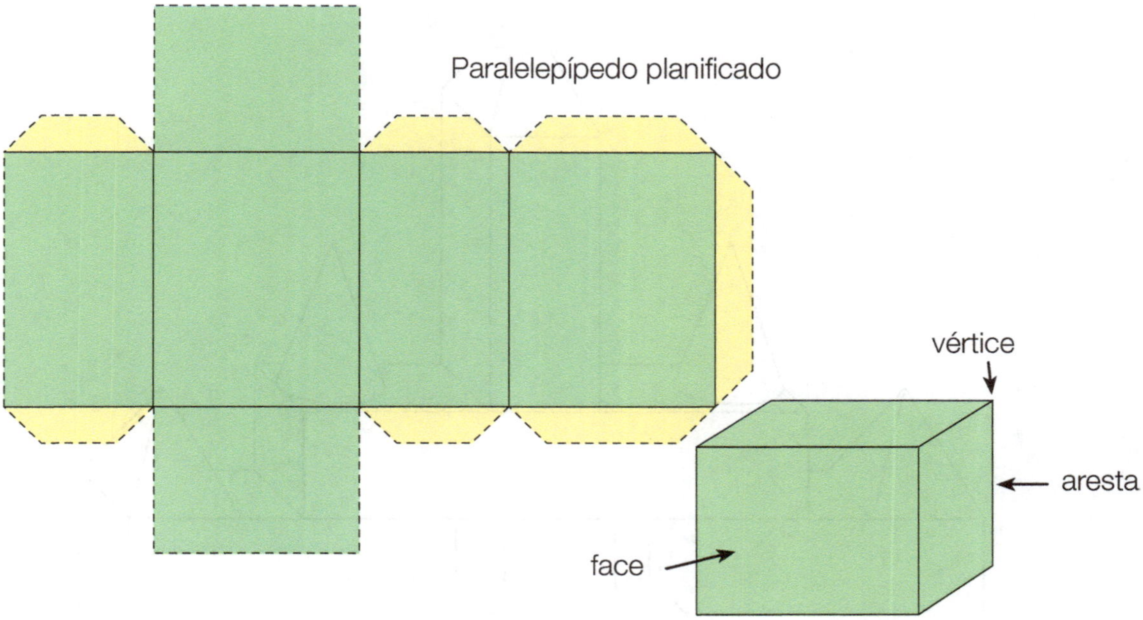

Responda.

a) Quais objetos do nosso dia a dia se parecem com um paralelepípedo?

b) Complete.

- Uma aresta é o encontro de duas ______________________.
- Um vértice é o encontro de duas ______________________.
- Um paralelepípedo tem ___ faces, ___ vértices e ___ arestas.

4 Escreva os nomes de três objetos que se parecem com as figuras dos sólidos:

a)  ______________________________

b)  ______________________________

c)  ______________________________

5 Fabrício, brincando com os sólidos geométricos, criou esta "obra de arte". Veja:

OSVALDO SEQUETIN

• Pinte de acordo com a legenda:

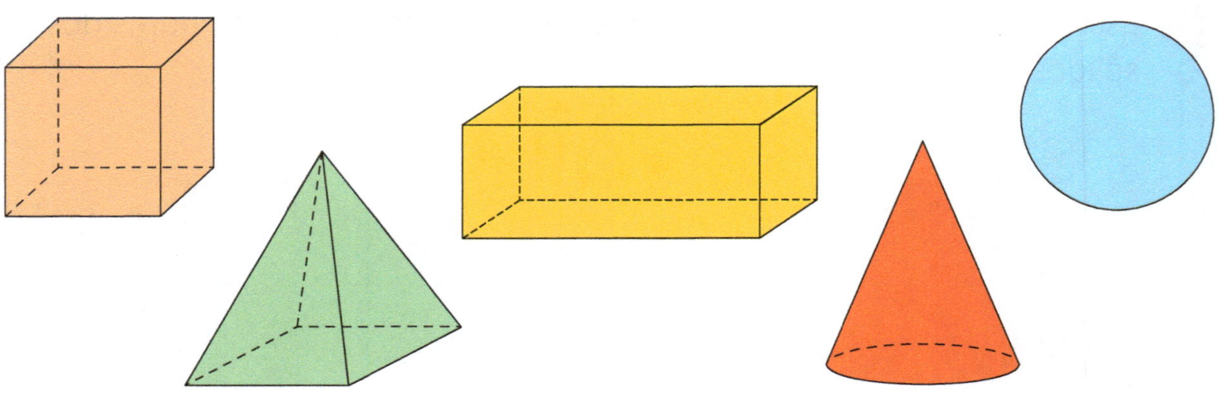

6 Observe a representação de uma pirâmide.

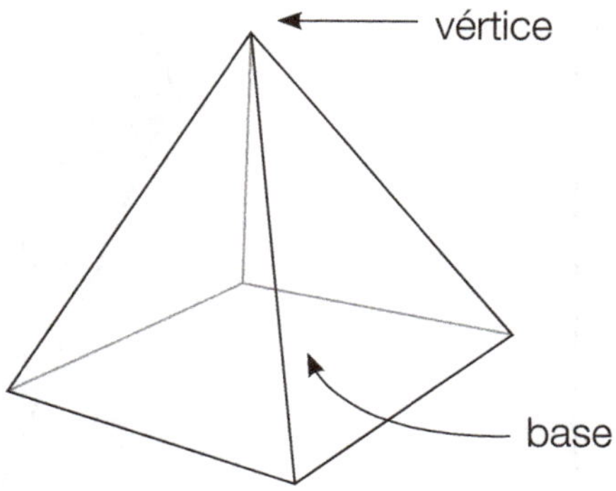

Essa figura representa uma pirâmide de base quadrada.

a) A pirâmide de base quadrada tem:

_____ vértices _____ faces _____ arestas.

Observe sua planificação:

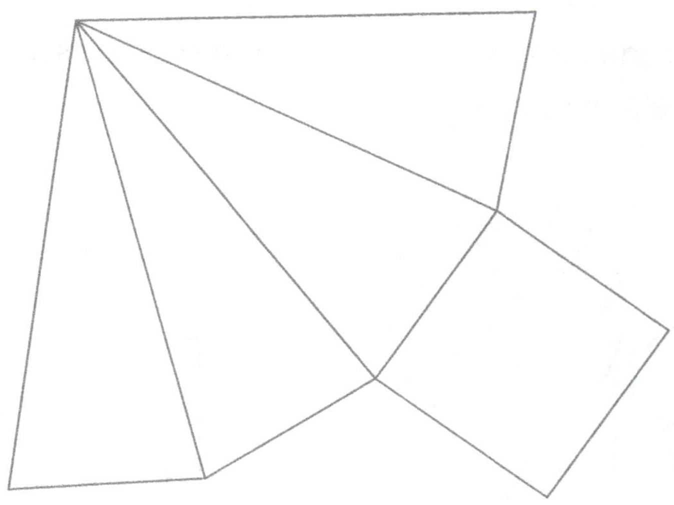

b) Pinte na planificação:

- de vermelho as faces da pirâmide que são triângulos.
- de amarelo a face quadrada.
- passe um lápis de cor azul nas arestas dessa pirâmide.

7 Observe os corpos redondos a seguir.

_______________ _______________

a) Escreva o nome de cada um deles.

b) A parte em verde lembra qual figura geométrica plana?

____

c) Observe cada uma das planificações a seguir. Escreva a qual corpo redondo ela pertence.

_______________ _______________

LIÇÃO 5

Comparação e ordenação de números naturais

Observe alguns animais no zoológico.

MW ED. ILUSTRAÇÕES

Há 5 macacos e 2 leões. A quantidade de macacos é maior que a quantidade de leões.

Usamos o símbolo **>** para indicar que um número é **maior** que outro.

Exemplo: 5 > 2 (cinco é maior que dois).

MW ED. ILUSTRAÇÕES

No mesmo zoológico há 3 girafas e 7 araras. A quantidade de girafas é menor que a quantidade de araras.

Usamos o símbolo **<** para indicar que um número é **menor** que outro.

Exemplo: 3 < 7 (três é menor que sete).

Ordem crescente e ordem decrescente

A ordem **crescente** representa uma sequência que vai do menor para o maior. Já a ordem **decrescente** representa uma sequência que vai do maior para o menor.

Fila indiana em ordem crescente.

Fila indiana em ordem decrescente.

MW ED. ILUSTRAÇÕES

Observe a reta numérica.

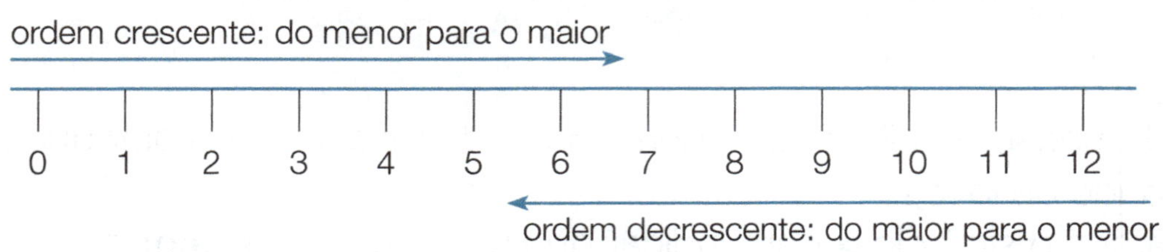

ATIVIDADES

1 Coloque corretamente os sinais **>** ou **<**.

a) 15 _____ 67

b) 20 _____ 5

c) 100 _____ 500

d) 1 300 _____ 980

2 Escreva os números em ordem crescente, empregando o sinal **<** (menor que).

132 114 2 105 128 1 350 97 43 50 1 530

____

3 Escreva os números em ordem decrescente, empregando o sinal **>** (maior que).

117 3020 115 66 3002 42 58 2003 84

____

4 Descubra a sequência e numere as casas.

5 Complete os quadros colocando os números na ordem crescente ou decrescente. Use os números em destaque.

a) 112 124 125 114

110			120			130

Os números estão na ordem ______________________

b) 276 264 272 266

		270			250

Os números estão na ordem ______________________

6 Complete com **<** ou **>**.

a) 15 – 4 ☐ 25 – 8

b) 8 + 10 ☐ 20 – 5

c) 33 – 3 ☐ 22 – 2

d) 9 + 40 ☐ 50 – 5

7 Complete as expressões observando os sinais.

a) 39 > ☐ > 37

b) 77 > ☐ > 75

c) 119 < ☐ < 121

d) 134 < ☐ < 136

e) 68 < ☐ < 70

f) 85 > ☐ > 83

8 Continue as sequências.

a)	500	499	498							
b)	650			647			644		642	
c)	1 315		1 115	1 015						
d)			3 307	3 207	3 107					

9 As fichas abaixo serão colocadas nas gavetas coloridas. Pinte cada ficha com a cor que ela deve ocupar em cada gaveta.

Números de 0 a 99	Números de 100 a 999	Números de 1 000 a 1 999

899 | 89 | 809 | 890 | 1 899 | 1 809

90 | 800 | 909 | 1 009 | 908

9 | 98 | 889 | 1 999 | 999

Antecessor e sucessor

Observe a sequência numérica com números naturais:

0 1 2 3 4 5

Dizemos que o número 4 é o **sucessor** do número 3.
Dizemos que o número 4 é o **antecessor** do número 5.

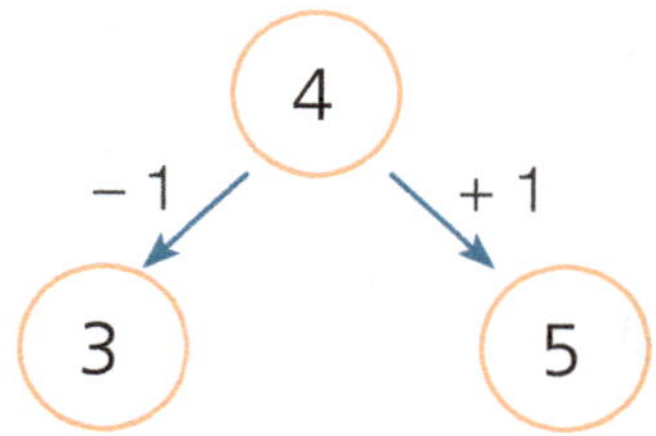

ATIVIDADES

1 Complete com o antecessor e o sucessor de cada número natural:

	19	
	50	
	31	
	99	
	999	
	28	

2 Complete o quadro conforme o exemplo:

Antecessor	Número	Sucessor
99 noventa e nove	100 cem	101 cento e um
	novecentos e quarenta e sete	
três mil duzentos e trinta		3 232

Reta numérica e ordenação de números

Alguns números foram representados na reta numérica. Observe.

3998 3999 4000 4001 4002 4003

- Qual é maior: 3998 ou 3999? ______
- Qual é menor: 3999 ou 4000? ______

ATIVIDADES

1 Observe a reta numérica.

1000 2000 3000 4000 5000 6000 7000 8000

Agora, coloque corretamente os sinais > (maior) ou < (menor).

a) 4050 ☐ 5050

b) 7500 ☐ 5700

c) 4400 ☐ 3800

d) 4800 ☐ 8000

2 Observe a reta numérica.

1000 2000 3000 4000 5000 6000 7000 8000

Localize nela os seguintes números:

2500 | 6500 | 7500 | 1500

3 Pense na reta numérica e escreva estes números em ordem decrescente.

4009 | 5500 | 7900 | 2800 | 1900 | 6700

______

DESAFIO

1 Que número sou eu?

- Sou maior do que 7 000.
- Sou menor do que 8 000.
- Não tenho algarismos repetidos.
- Não possuo o algarismo 0.
- Tenho o algarismo 5 na casa da centena.
- A casa da unidade é formada por um número par menor que 3.
- Na dezena tenho um algarismo ímpar maior que 5.

2 Descubra quem sou eu!

- Sou um número par.
- Estou entre os números 4 000 e 6 000.
- Tanto a casa da dezena como a da centena são formadas por algarismos ímpares.
- Possuo o algarismo 8 em algum lugar.

4 562 | 2 989 | 5 796 | 5 978 | 2 758

3 Agora é a sua vez de inventar um problema para seu colega solucionar. Dê cinco dicas que o façam descobrir em qual número você pensou. Depois, troque de livro com ele e veja quem descobre antes. Boa sorte!

______________________ ______________________

______________________ ______________________

______________________ O número é: ______________

INFORMAÇÃO E ESTATÍSTICA

1 Analise o gráfico e responda às questões.

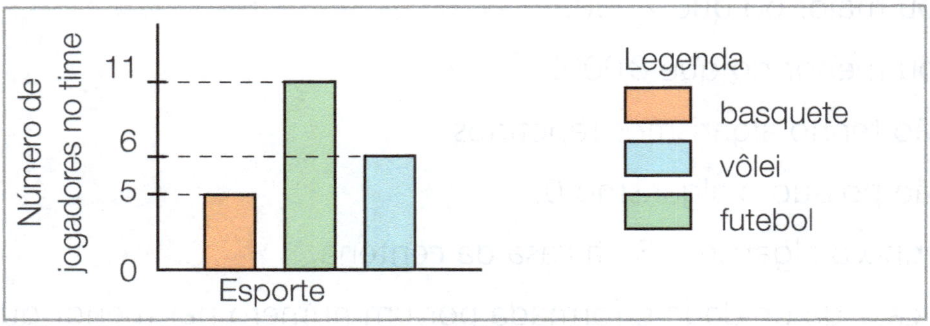

a) Em qual desses esportes há menos jogadores por time?

____

b) Quantos jogadores um time de vôlei tem a menos que um time de futebol?

____

2 Na escola de Diana há duas turmas de 3º ano: **A** e **B**. Veja a distribuição dos alunos e, analisando o gráfico, complete o quadro.

Responda:

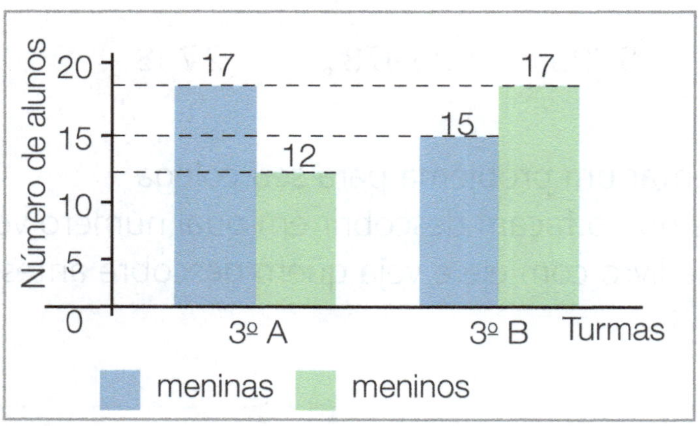

	3º A	3º B
Meninas		
Meninos		
Total		

a) Há mais alunos no 3º A ou no 3º B? ______ Quantos a mais? ________

b) Quantos alunos de 3º ano há na escola de Diana? ________________

LIÇÃO 6

Adição com números naturais

Ideias básicas da adição

As ideias básicas da adição são: juntar, reunir e acrescentar.
Observe os exemplos.

MW ED. ILUSTRAÇÕES

Juntar: 5 + 3 = 8

Reunir: 7 + 4 = 11

Acrescentar: 3 + 6 = 9

Pela manhã, uma padaria produz a seguinte quantidade de pães:

Horário	5h00	6h00	7h00	8h00
Pães produzidos	150	250	300	120

Quantos pães a padaria produz até as 8h00 da manhã?

Para responder a essa questão, juntamos quantidades. Todas as vezes que, ao resolver uma situação, juntamos quantidades, usamos a operação de **adição**.

A **adição** está associada às ideias de **juntar**, **reunir**, **acrescentar**.

Propriedades da adição

Observe alguns conceitos importantes que envolvem a operação de adição.

Fechamento

- Veja esta adição.

número natural

$$12 + 3 = 15$$

números naturais

> A soma de dois ou mais números naturais é um número natural. Em Matemática, isso é chamado de propriedade do **fechamento** da adição.

- Pense em um número natural qualquer.
  Adicione 34 a esse número.
  Qual é o resultado?
  Esse resultado também é um número natural.

$$\begin{array}{r} 1\,9\,0 \\ +\;\;5\,0 \\ \hline 2\,4\,0 \end{array}$$

190 e 50: **parcelas** ou **termos da adição**

240: **soma** ou **total** (resultado da adição)

Comutativa

- Verifique o que acontece quando invertemos a ordem das parcelas.

$$\begin{array}{r} 2\,6 \\ +\,5\,2 \\ \hline 7\,8 \end{array} \qquad \begin{array}{r} 5\,2 \\ +\,2\,6 \\ \hline 7\,8 \end{array}$$

$$\begin{array}{r} 2\,2\,4 \\ 3\,0 \\ +\,1\,4\,2 \\ \hline 3\,9\,6 \end{array} \qquad \begin{array}{r} 3\,0 \\ 1\,4\,2 \\ +\,2\,2\,4 \\ \hline 3\,9\,6 \end{array}$$

Observe.

$$\underbrace{26 + 52}_{78} = \underbrace{52 + 26}_{78}$$

$$\underbrace{224 + 30 + 142}_{396} = \underbrace{30 + 142 + 224}_{396}$$

Trocando-se a ordem das parcelas de uma adição, a soma não se altera. Em Matemática, isso é chamado de propriedade **comutativa** da adição.

Associativa

- Veja o que acontece quando associamos as parcelas de modos diferentes.

$$\underbrace{\underbrace{40 + 30}_{70} + 90}_{160} = \underbrace{40 + \underbrace{30 + 90}_{120}}_{160}$$

$$(40 + 30) + 90 = 40 + (30 + 90) = 160$$

Associando-se as parcelas de uma adição de modos diferentes, a soma não se altera. Em Matemática, isso é chamado de propriedade **associativa** da adição.

Elemento neutro

- Agora, vamos adicionar 0 (zero) a um número natural.

$138 + 0 = 138$ ou $0 + 138 = 138$

$25 + 0 = 25$ ou $0 + 25 = 25$

Adicionando-se 0 a qualquer número natural, o resultado é sempre o próprio número natural. Em Matemática, isso é chamado de **elemento neutro**.
O zero (0) é o **elemento neutro** da adição.

Verificação da adição

Preste atenção nas operações efetuadas abaixo.

$$\begin{array}{r} 67 \\ +\ 21 \\ \hline 88 \end{array} \qquad \begin{array}{r} 88 \\ -\ 67 \\ \hline 21 \end{array}$$

Subtraindo do total uma das parcelas, encontra-se a outra parcela.
A adição e a subtração são **operações inversas**.

Observe agora estas três operações.

$$\begin{array}{r} 32 \\ 47 \\ +\ 50 \\ \hline 129 \end{array} \qquad \begin{array}{r} 32 \\ +\ 47 \\ \hline 79 \end{array} \qquad \begin{array}{r} 129 \\ -\ 79 \\ \hline 50 \end{array}$$

Em uma adição de três ou mais parcelas, quando separamos uma delas e retiramos do total a soma das demais parcelas, a parcela separada aparece como resultado.

Esse processo permite conferir se a conta está correta ou não. Observe o procedimento.

$$\begin{array}{r} 72 \\ 12 \\ +\ 5 \\ \hline 89 \end{array} \qquad \begin{array}{r} 12 \\ +\ 5 \\ \hline 17 \end{array} \qquad \begin{array}{r} 89 \\ -\ 17 \\ \hline 72 \end{array}$$

- Separar uma parcela. Exemplo: 72.
- Adicionar as parcelas restantes: 12 + 5.
- Subtrair do total (89) a soma de duas parcelas (17). Você vai obter a parcela separada: 89 – 17 = 72.

ATIVIDADES

1 Escreva uma adição que exemplifique cada afirmação.

a) A soma de dois ou mais números naturais é sempre um número natural.

____

b) Trocando-se a ordem das parcelas de uma adição, a soma não se altera.

____

c) Associando-se as parcelas de uma adição de modos diferentes, o resultado não se altera.

____

d) Adicionando-se zero a qualquer número natural, o resultado é sempre o próprio número natural.

____

- Como você fez para resolver as atividades?
- Sua resposta foi diferente das respostas dadas pelos colegas? Por quê?

2 Efetue as operações e encontre os resultados.

a)
$$\begin{array}{r} 375 \\ +\ 249 \\ \hline \end{array}$$

b)
$$\begin{array}{r} 836 \\ +\ 594 \\ \hline \end{array}$$

c)
$$\begin{array}{r} 521 \\ 176 \\ +\ 99 \\ \hline \end{array}$$

d)
$$\begin{array}{r} 1426 \\ 2655 \\ +\ 871 \\ \hline \end{array}$$

e)
$$\begin{array}{r} 5720 \\ 2096 \\ +\ 1585 \\ \hline \end{array}$$

f)
$$\begin{array}{r} 2769 \\ 1630 \\ +\ 656 \\ \hline \end{array}$$

g)
$$\begin{array}{r} 2328 \\ 4560 \\ +\ 707 \\ \hline \end{array}$$

h)
$$\begin{array}{r} 4009 \\ 1704 \\ +\ 12 \\ \hline \end{array}$$

i)
$$\begin{array}{r} 1001 \\ 19 \\ +\ 980 \\ \hline \end{array}$$

3 Efetue as adições, aplicando a propriedade associativa da adição. Veja o exemplo.

$$19 + 17 + 15$$
$$\underbrace{(19 + 17)}_{} + 15 = 19 + \underbrace{(17 + 15)}_{}$$
$$\underbrace{36 + 15}_{} = \underbrace{19 + 32}_{}$$
$$51 = 51$$

a) $23 + 14 + 9$

____

____

b) $18 + 7 + 9$

____

____

c) $16 + 8 + 10$

____

____

d) $35 + 12 + 26$

____

____

e) $24 + 6 + 4$

____

____

f) $3 + 15 + 5$

____

____

4 Reescreva as adições usando a propriedade comutativa da adição.

a) $9 + 5 + 2$ ______________

b) $6 + 8 + 1$ ______________

c) $3 + 7 + 4$ ______________

d) $1 + 6 + 3$ ______________

e) $4 + 3 + 9$ ______________

f) $7 + 1 + 5$ ______________

5 Efetue as adições, associando suas parcelas.

a) $7 + 9 + 3$ ______________

b) $4 + 7 + 12$ ______________

c) $15 + 5 + 10$ ______________

d) $24 + 6 + 8$ ______________

e) $10 + 12 + 3$ ______________

f) $18 + 19 + 4$ ______________

6 Efetue as adições e verifique se o resultado está correto. Observe o exemplo.

a) 869 + 459

		8	6	9
+		4	5	9
	1	3	2	8

	1	3	2	8
−		8	6	9
		4	5	9

d) 731 + 2 406

b) 1 354 + 781

e) 3 720 + 86

c) 1 849 + 4 653

f) 4 275 + 4 539

7 Efetue as adições.

	C	D	U
	5	0	9
+	2	5	6

	UM	C	D	U
	7	1	8	4
+		5	2	4

	UM	C	D	U
	4	9	6	1
+	3	0	6	9

	UM	C	D	U
		3	8	7
+		4	0	8
		7	3	4

	UM	C	D	U
	5	3	8	7
+	3	4	0	8
		7	3	4

	UM	C	D	U
	3	4	8	0
+	2	6	0	5
	1	3	6	7

8 Calcule mentalmente quanto falta para completar 100:

a) 50 + _______ = 100

b) 70 + _______ = 100

c) 10 + _______ = 100

d) 40 + _______ = 100

9 Veja como Pâmela fez para calcular mentalmente a adição 648 + 231:

648 + 231

600 + 40 + 8 + 200 + 30 + 1

800 + 70 + 9 = 879

Agora, calcule:

a) 502 + 204

500 + 2 + 200 + 4

b) 610 + 280

600 + 10 + 200 + 80

c) 578 + 320

500 + 70 + 8+ 300 + 20

d) 426 + 353

400 + 20 + 6 + 300 + 50 + 3

e) 4 080 + 1 080

4 000 + 80 + 1 000 + 80

f) 2 020 + 3 010

2 000 + 20 + 3 000 + 10

PROBLEMAS

1 Na cantina da escola, há 1 448 garrafas de suco de laranja, 965 garrafas de suco de caju e 1 050 garrafas de suco de pêssego. Quantas garrafas há ao todo?

Resposta: ____

2 Papai comprou 3 livros de uma coleção. O 1º volume tem 360 páginas, o 2º tem 128 páginas a mais que o 1º, e o 3º volume tem 64 páginas a mais que o 2º. Qual é o número de páginas de cada volume?

Resposta: ____

3 Um farmacêutico vendeu 282 caixas de remédio pela manhã e 198 à tarde. Quantas caixas de remédio ele vendeu nesse dia?

Resposta: ____

4 Ana Paula ganhou uma caixa de chocolate. Já comeu 8 e ainda há 48 chocolates na caixa. Quantos chocolates havia na caixa?

Resposta: ____

5 O professor de Carlos e de Catarina pediu para que eles resolvessem o seguinte problema:

> Em um dia foram plantados na fazenda de Orlando 3 215 pés de café. No dia seguinte foram plantados 2 162 pés de café. Quantos pés de café foram plantados ao todo?

Veja como cada um resolveu:

YURCHENKO YULIA
SHUTTERSTOCK

YURCHENKO YULIA
SHUTTERSTOCK

Carlos resolveu esse problema utilizando o quadro de ordens. Veja:

	UM	C	D	U
	3	2	1	5
+	2	1	6	2
	5	3	7	7

Catarina resolveu esse problema decompondo os valores e depois somando. Veja:

3 215 + 2 162

3 000 + 200 + 10 + 5 + 2 000 + 100 + 60 + 2

5 000 + 300 + 70 + 7

5 377

Agora é sua vez! Resolva os problemas a seguir da maneira que preferir.

a) Uma fábrica de roupas produziu em uma semana 1 785 peças de roupas. Na semana seguinte ela produziu mais 2 114 peças. Quantas peças de roupa foram produzidas nessa fábrica durante essas duas semanas?

b) Uma piscina estava parcialmente cheia com 6 650 litros de água. Para terminar de encher essa piscina são necessários mais 3 250 litros de água. Quantos litros de água cabem nessa piscina?

EU GOSTO DE APRENDER +

1 Leia abaixo um problema sobre a festa de aniversário de Aline.

> A festa do meu aniversário será no sábado às 17h. Para a festa minha mãe fez 6 centenas de coxinhas, 5 centenas e meia de empadas e 348 pastéis. Quantos salgadinhos minha mãe fez?

a) Leia o problema quantas vezes for necessário. Escreva abaixo os dados numéricos que aparecem no texto do problema.

____

b) Há algum dado numérico nesse problema que não é necessário para a resolução? Qual? _______________

c) Qual ideia está envolvida nesse problema? Marque com um **x**.

( ) ideia de separar ( ) ideia de juntar ( ) ideia de acrescentar

d) Que operação está relacionada a essa ideia? _______________

e) Resolva o problema.

Resolução:

Resposta: _______________

2 Crie os dados que faltam e complete o texto do problema a seguir.

> A festa de Théo vai durar _______ horas. Para a festa ele convidou _______ amigos do bairro, _______ amigos da escola e _______ amigos do clube. Quantos amigos ele convidou?

- Troque de problema com um colega e resolva o problema dele.

Subtração com números naturais

Ideias básicas da subtração

As ideias básicas da subtração são: tirar, completar e comparar. Observe os exemplos.

Dos 25 reais que Cristina conseguiu economizar, já gastou 12.

Sobraram quantos reais para Cristina?

Tirar: 25 – 12 = 13

Resposta: Sobraram 13 reais para Cristina.

Pedro, pai de Gustavo, tem 32 anos, e Gustavo tem 9 anos. Quantos anos Pedro tem a mais que Gustavo?

Comparar: 32 – 9 = 23

Resposta: Pedro tem 23 anos a mais que Gustavo.

A família de Dona Isaura gosta de comer ovos. Na cartela, é possível guardar 30 ovos e há apenas 17 ovos. Quantos ovos faltam para completar a cartela?

Completar: 30 – 17 = 13

Resposta: Faltam 13 ovos para completar a cartela.

Verificação da subtração

Veja:

$$
\begin{array}{rl}
5 & \leftarrow \text{minuendo} \\
-\ 3 & \leftarrow \text{subtraendo} \\
\hline
2 & \leftarrow \text{resto ou diferença}
\end{array}
\qquad\qquad
\begin{array}{r}
2 \\
+\ 3 \\
\hline
5
\end{array}
$$

O sinal da subtração é **–**.

Observe este outro exemplo:

$$
\begin{array}{r}
2\ 5\ 8 \\
-\ 1\ 2\ 4 \\
\hline
1\ 3\ 4
\end{array}
\qquad\qquad
\begin{array}{r}
1\ 2\ 4 \\
+\ 1\ 3\ 4 \\
\hline
2\ 5\ 8
\end{array}
$$

- O que você pôde verificar nas operações acima?

Adicionando-se o resto ao subtraendo, obtém-se o minuendo.

Algumas conclusões sobre a subtração

$$
\begin{array}{r}
2\ 7 \\
-\ 1\ 5 \\
\hline
1\ 2
\end{array}
\quad
\begin{array}{c}
\xrightarrow{-2} \\
\xrightarrow{-2} \\
\
\end{array}
\quad
\begin{array}{r}
2\ 5 \\
-\ 1\ 3 \\
\hline
1\ 2
\end{array}
$$

Subtraindo-se o mesmo número do minuendo e do subtraendo, o resto não se altera.

$$
\begin{array}{r}
2\ 7 \\
-\ 1\ 5 \\
\hline
1\ 2
\end{array}
\quad
\begin{array}{c}
\xrightarrow{+2} \\
\xrightarrow{+2} \\
\
\end{array}
\quad
\begin{array}{r}
2\ 9 \\
-\ 1\ 7 \\
\hline
1\ 2
\end{array}
$$

Adicionando-se o mesmo número ao minuendo e ao subtraendo, o resto não se altera.

Subtração por reagrupamento

A distância entre Sinop–MT e Campinas–SP é de 1 926 quilômetros. Uma família percorreu o trajeto da seguinte forma: no primeiro dia, percorreu 780 quilômetros e, no segundo dia, 868 quilômetros.

MÁRIO YOSHIDA

Quantos quilômetros ainda faltam para essa família chegar ao seu destino? Para responder, podemos pensar nas seguintes questões:

- Qual é o total de quilômetros a serem percorridos? ____________
- Qual é o total de quilômetros já percorridos? ____________
- Quantos quilômetros ainda faltam percorrer? ____________

Vamos fazer esses cálculos com Material Dourado.

780 + 868

- Total de quilômetros percorridos:

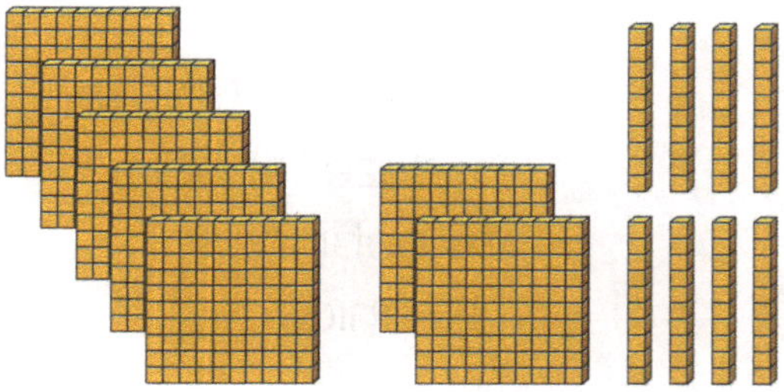

780

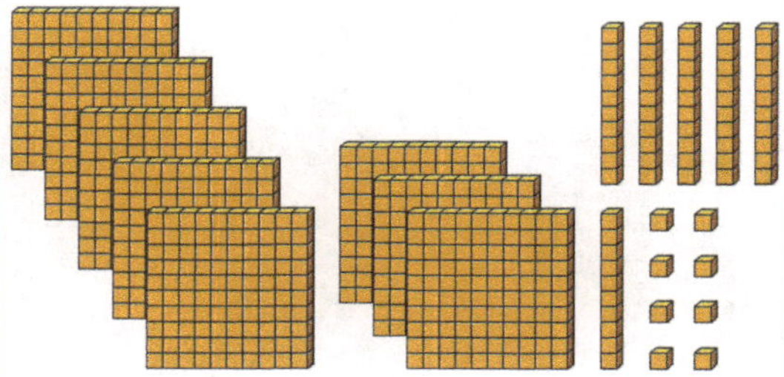

868

Juntando:

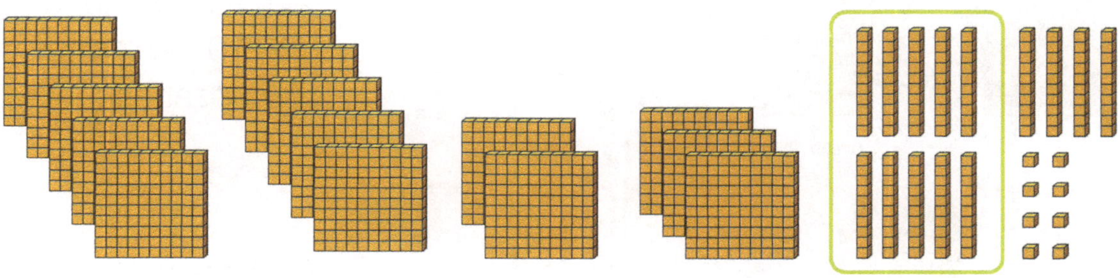

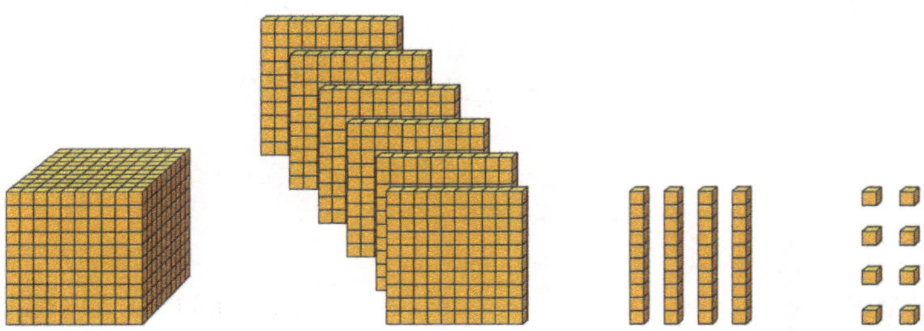

1000 + 600 + 40 + 8 = 1648

Representando no quadro de ordens, temos:

	UM	C	D	U
	1	1 7	8	0
+		8	6	8
	1	6	4	8

UM é unidade de milhar.

Agora, vamos fazer este cálculo:
1926 – 1648

- Quilômetros que faltam percorrer:

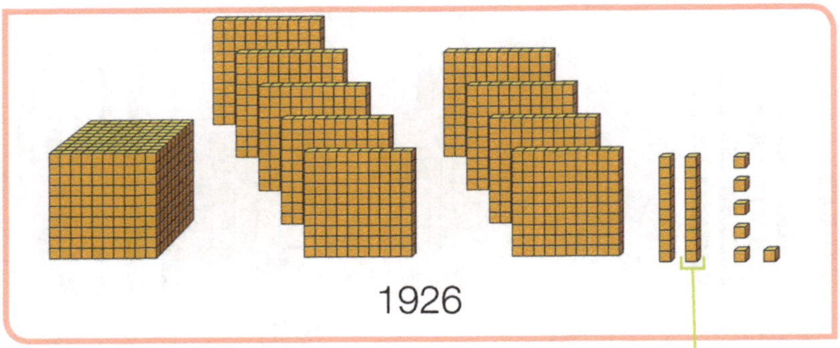

Trocando 1 barra (1 dezena) por 10 cubinhos (10 unidades).

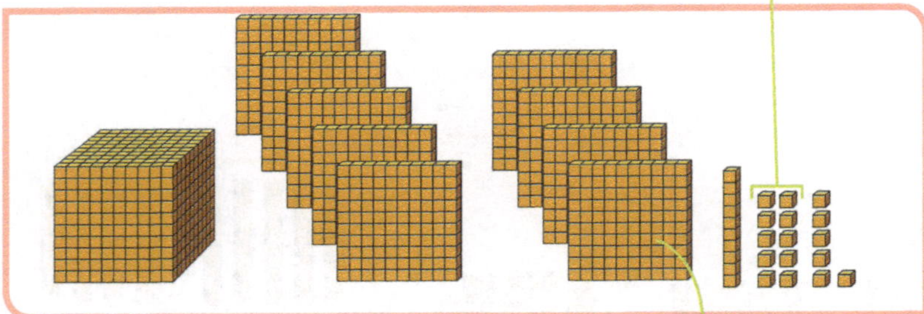

Trocando uma placa (1 centena) por 10 barras (10 dezenas).

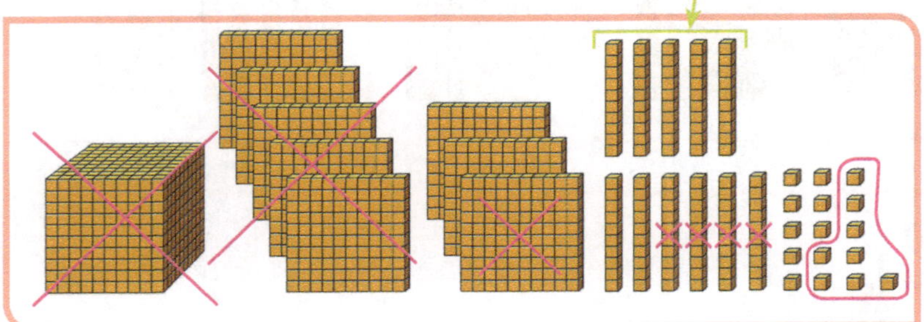

Retirando 1648, ou seja: um cubo, 6 placas, 4 barras e 8 cubinhos.

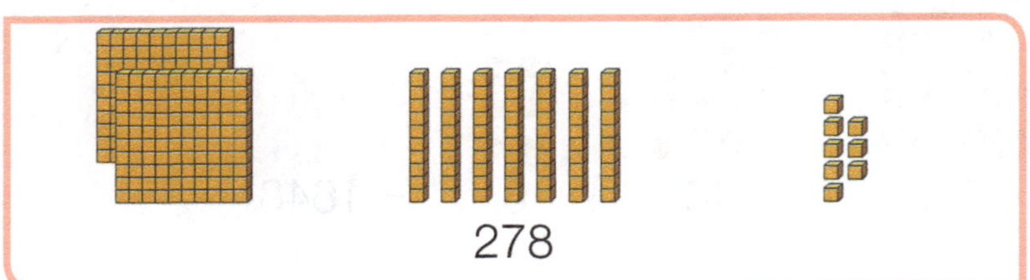

Ficaram: 2 placas, 7 barras e 8 cubinhos.

Representando no quadro de ordens:

	UM	C	D	U
	1	8 ~~9~~	~~12~~ ~~2~~ 11	16 ~~6~~
–	1	6	4	8
	0	2	7	8

ATIVIDADES

1 Efetue as subtrações e em seguida faça a verificação. Observe o exemplo.

	5	6			3	3
−	2	3		+	2	3
	3	3			5	6

a) 8 793 − 7 214

b) 5 232 − 1 635

c) 2 934 − 243

d) 9 899 − 1 010

e) 3 500 − 872

f) 9 218 − 8 674

g) 2 000 − 872

h) 8 792 − 6 873

i) 8 864 − 6 516

j) 7 894 − 1 325

2 Para determinar os resultados a seguir, utilize cálculo mental.

a) 10 – 9 = ______ **b)** 9 – 7 = ______ **c)** 300 – 200 = ______

100 – 90 = ______ 90 – 70 = ______ 3 000 – 2 000 = ______

3 Escreva o número que é 100 unidades menor do que cada número a seguir. Calcule mentalmente.

a) 200 ⟶ ______

b) 1 000 ⟶ ______

c) 3 400 ⟶ ______

d) 9 900 ⟶ ______

4 Escreva um número que é 1 000 unidades menor do que os números a seguir. Calcule mentalmente.

a) 1 078 ⟶ ______

b) 2 374 ⟶ ______

c) 5 004 ⟶ ______

d) 9 887 ⟶ ______

5 Calcule mentalmente.

a) 268 – 8 = ______

b) 268 – 60 = ______

c) 268 – 200 = ______

d) 268 – 208 = ______

e) 268 – 68 = ______

f) 268 – 260 = ______

g) 5 264 – 4 = ______

h) 5 264 – 60 = ______

i) 5 264 – 200 = ______

j) 5 264 – 5 000 = ______

k) 5 264 – 260 = ______

l) 5 264 – 264 = ______

PROBLEMAS

1 Pedro tem 1 972 reais na poupança. Maria, sua irmã, tem 380 reais a menos que Pedro. Quantos reais têm os dois juntos?

Resposta: ______

2 Em que ano completou 32 anos uma pessoa que fez 48 anos em 1999?

Resposta: ______

3 Em uma estante cabem 450 livros. Coloquei nela 162 livros e minha irmã, 184. Quantos livros faltam para completar a estante?

Resposta: ______

4 Celina faz cocadas para vender. Ela já fez 183, e sua mãe fez mais 2 dúzias. Desse total, venderam 122 cocadas. Quantas restaram?

Resposta: ______

5 Depois de resolver os problemas envolvendo adição, o professor de Carlos e de Catarina pediu para que resolvessem o seguinte problema:

Gustavo tinha 5 470 reais e gastou 2 140 reais para comprar uma televisão. Qual valor restou para Gustavo?

Veja como cada um resolveu:

YURCHENKO YULIA
SHUTTERSTOCK

YURCHENKO YULIA
SHUTTERSTOCK

Carlos resolveu a subtração por decomposição:

$$\begin{array}{r} 5000 + 400 + 70 \\ - \quad 2000 + 100 + 40 \\ \hline 3000 + 300 + 30 \end{array} = 3330$$

Catarina resolveu usando o algoritmo:

$$\begin{array}{r} 5470 \\ - \; 2140 \\ \hline 3330 \end{array}$$

Agora é sua vez! Resolva os problemas a seguir da maneira que preferir.

a) Um vendedor de coco saiu do centro de distribuição com 5 874 cocos no caminhão. Depois de um longo dia na rua, vendeu 3 552 cocos. Quantos cocos restaram ao fim do dia?

b) Foram impressos para uma campanha contra a dengue 7 000 panfletos para serem distribuídos em 2 semanas. Na primeira semana foram distribuídos 4 200 panfletos. Quantos panfletos sobraram para serem distribuídos na segunda semana?

EU GOSTO DE APRENDER +

Leia o problema a seguir.

Gabriel tem 16 anos e Helena, 15. Eles gostam muito de ler. Este ano, Gabriel já leu 898 páginas e Helena já leu 1 299. Quem leu mais páginas até agora? Quantas páginas a mais?

RICARDO PAONESSA

a) Há dados numéricos nesse problema que não são necessários para a resolução? Quais? ______

b) Qual ideia está envolvida nesse problema? Faça um **x**.

( ) ideia de separar ( ) ideia de juntar
( ) ideia de comparar ( ) ideia de acrescentar

c) Que operação está relacionada a essa ideia? ______

d) Antes de resolver o problema, marque um **x** na alternativa que indica a melhor estimativa para esse resultado.

( ) 200 páginas ( ) 300 páginas ( ) 400 páginas
( ) 500 páginas

e) Agora resolva o problema.

Resposta: ______

______

LIÇÃO 8

Localização e movimentação

Gabriel está brincando com jogos eletrônicos.
Observe uma cena do jogo.

CHUCKCHEE/SHUTTERSTOCK

- Para o personagem chegar ao tesouro, que movimentos ele deve fazer?
- E para ele fazer o monstro dormir, que movimento deve fazer até chegar a ele?

ATIVIDADES

1 Janaína está no centro do quarto.

a) Complete as frases com as palavras a seguir.

Frente	Direita	Trás	Esquerda

- Para Janaína chegar à escrivaninha ela deve andar para ________.
- A janela está à ________ de Janaína.
- A estante de livro está à ________ dela.
- Para ir em direção à cama, ela deve girar para ______.

b) Descreva como Janaína deve fazer para sair do quarto.

____

____

2 As gatas Juju e Mimi estão procurando seu novelo de lã. O novelo de Juju é amarelo e de Mimi é azul.

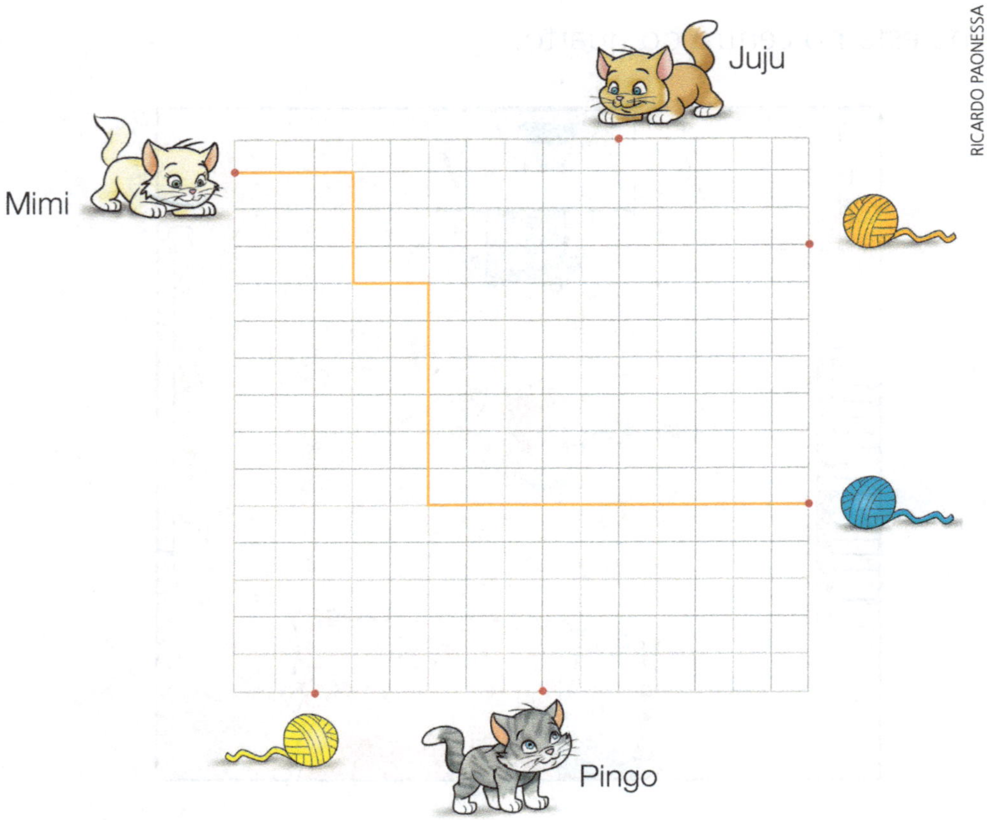

a) Veja o código de setas que descreve o trajeto que Mimi fez até chegar no novelo azul e complete a sequência:

3 →	3 ↓			

b) Trace na malha quadriculada a trajetória abaixo, que Juju fez até chegar no novelo amarelo.

6 ↓	2 ←	3 ↓	4 ←	5 ↓	2 ←	1 ↓

c) Agora, trace um trajeto que Pingo pode fazer para chegar ao novelo laranja.

3 Flora está brincando de caça ao tesouro. Veja o mapa que ela recebeu. Nele há um trajeto desenhado que começa na "entrada" e termina no "tesouro". Há também uma legenda que indica o sentido do movimento.

Legenda:

→	←	↓	↑
Para a direita	Para a esquerda	Para baixo	Para cima

Utilizando a legenda e os lados de quadradinhos da malha é possível representar o trajeto feito no mapa. Veja, Flora já começou a representar:

3 → **4** ↓ Isso significa o seguinte: 3 lados de quadradinhos para a direita, 4 lados de quadradinhos para baixo.

a) Faça como Flora e continue descrevendo o trajeto que ela já começou.

3 → 4 ↓ ______________________________

b) Até chegar ao tesouro, quantas vezes o trajeto mudou de direção?

____

c) Quantas vezes a direção do trajeto mudou "para baixo"?

____

d) Quantos lados de quadradinhos foram percorridos "para cima"?

____

LIÇÃO 9

Multiplicação de números naturais

Ideias da multiplicação

Guilherme organizou uma festa em sua casa. Cuidou das comidas, mas pediu que cada amigo levasse duas garrafas de suco.

MW ED. ILUSTRAÇÕES

Observando a imagem percebemos que 4 amigos foram para a festa de Guilherme. Podemos descobrir a quantidade total de garrafas de suco usando a **adição**:

$2 + 2 + 2 + 2 = 8$

MW ED. ILUSTRAÇÕES

Também podemos calcular a quantidade de garrafas de suco utilizando a **multiplicação**:

$4 \times 2 = 8$

- 4: amigos
- 2: garrafas de suco de cada amigo
- 8: total de garrafas de suco

A **multiplicação** pode ser representada das seguintes maneiras:

- horizontal

$4 \times 2 = 8$

4 e 2: fatores; 8: produto

- conta armada

$$\begin{array}{r} 4 \\ \times\ 2 \\ \hline 8 \end{array}$$

4 e 2: fatores; 8: produto

O sinal da multiplicação é **×** (lê-se: **vezes**).

Utilizamos a multiplicação em diversas situações. Observe os diferentes significados dessa operação.

Adição de parcelas iguais

Temos 3 pacotes de figurinhas.

MW ED. ILUSTRAÇÕES

Cada pacote tem 5 figurinhas dentro.

MW ED. ILUSTRAÇÕES

Então:

$$5 + 5 + 5 = 15 \quad \text{ou} \quad 3 \times 5 = 15$$

Temos um total de 15 figurinhas.
O sinal da multiplicação é **×** (lê-se: **vezes**).

$3 \times 5 = 15$ (lê-se: três vezes cinco é igual a quinze)

3 e 5: fatores
15: produto

Proporcionalidade

João Pedro organiza sua coleção de carrinhos em caixas. Em cada caixa guarda 6 carrinhos. João Pedro tem 4 caixas completas

MW ED. ILUSTRAÇÕES

Para descobrirmos a quantidade total de carrinhos da coleção de João Pedro podemos utilizar a multiplicação:

$$4 \times 6 = 24$$

João Pedro tem 24 carrinhos em sua coleção.

Comparação

IMAGINÁRIO STUDIO

Rafaela tem 3 bonecas.

Íris tem 2 vezes mais bonecas que Rafaela

Então, se multiplicarmos 2 × 3, descobrimos que Íris tem 6 bonecas.

$$2 \times 3 = 6$$

Organização retangular

O salão da escola tem 7 fileiras com 5 cadeiras em cada uma. Observe a representação desse espaço:

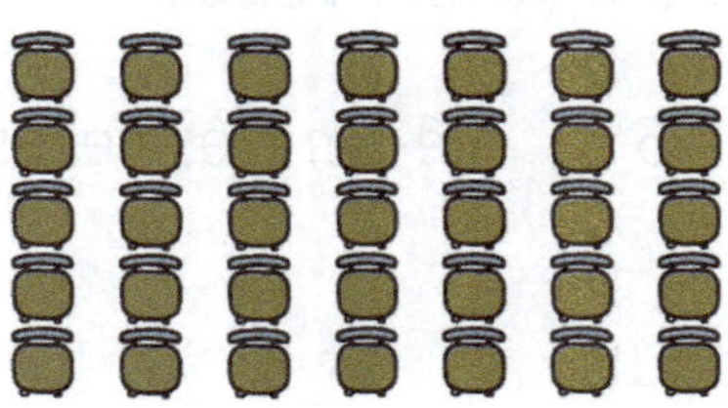
MW ED. ILUSTRAÇÕES

A organização retangular nos ajuda na contagem do total de cadeiras do salão.

Podemos contar de 5 em 5:

5 + 5 + 5 + 5 + 5 + 5 + 5 = 35

Ou podemos realizar a operação:

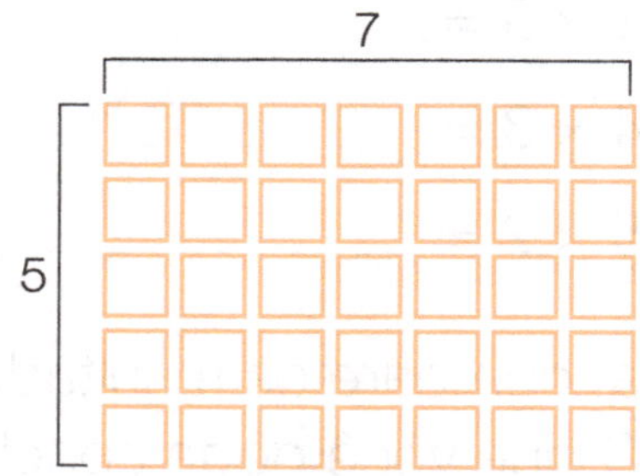

7 × 5 = 35

Combinatória

Em uma pastelaria os clientes podem escolher os tipos de massa e os tipos de recheio. Observe como as possibilidades podem ser organizadas.

Recheio / Massa	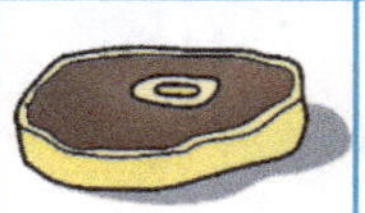				
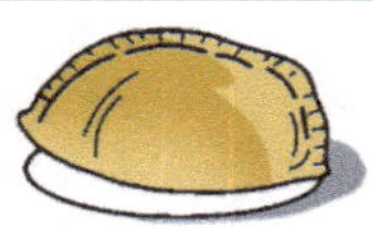	assado de carne	assado de queijo	assado de calabresa	assado de frango	assado de escarola
	frito de carne	frito de queijo	frito de calabresa	frito de frango	frito de escarola

MW ED. ILUSTRAÇÕES

Para calcular o total de combinações com 2 tipos de massa e 5 tipos de recheio podemos:

- Adicionar os 5 tipos de pastéis assados com os 5 tipos de pastéis fritos ou
- Multiplicar 2 tipos de massa por 5 tipos de recheio.

Observe as operações:

5 + 5 = 10   2 × 5 = 10

Resposta: Os clientes podem fazer 10 tipos de combinações para comprar um pastel.

ATIVIDADES

1 Calcule o resultado das multiplicações:

a) 2 × 3 = ______________________

b) 4 × 3 = ______________________

c) 5 × 2 = ______________________

d) 3 × 2 = ______________________

e) 3 × 4 = ______________________

f) 2 × 5 = ______________________

Agora, compare os resultados da primeira coluna com os da segunda coluna. O que você pode concluir?

2 Ligue as figuras às multiplicações correspondentes. Depois, encontre os resultados das multiplicações.

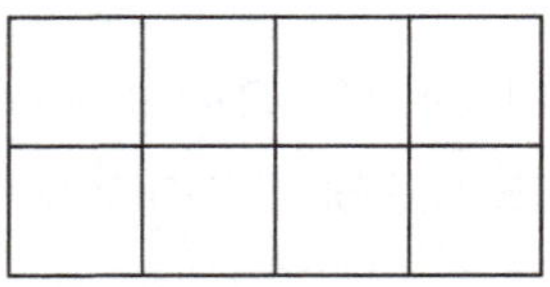

3 × 3 = ________________

4 × 3 = ________________

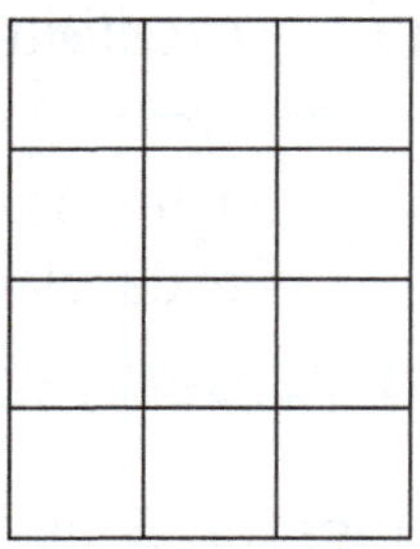

2 × 4 = ________________

3 Pinte as flores conforme a legenda de cores.

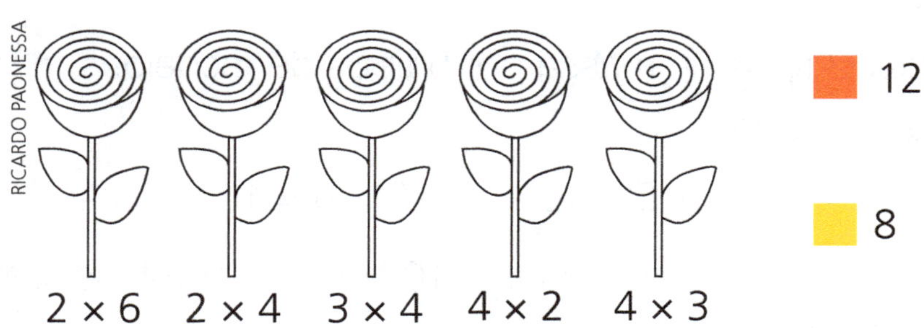

Tabuada do 2

Observe a organização desta tabuada:

TABUADA DO 2		
0 × 2	0	0
1 × 2	2	2
2 × 2	2 + 2	4
3 × 2	2 + 2 + 2	6
4 × 2	2 + 2 + 2 + 2	8
5 × 2	2 + 2 + 2 + 2 + 2	10
6 × 2	2 + 2 + 2 + 2 + 2 + 2	12
7 × 2	2 + 2 + 2 + 2 + 2 + 2 + 2	14
8 × 2	2 + 2 + 2 + 2 + 2 + 2 + 2 + 2	16
9 × 2	2 + 2 + 2 + 2 + 2 + 2 + 2 + 2 + 2	18
10 × 2	2 + 2 + 2 + 2 + 2 + 2 + 2 + 2 + 2 + 2	20

Agora complete:

a) Dois grupos com dois gatos: 2 × 2 = 4

b) Três grupos com dois gatos: _____ × _____ = _____

c) Quatro grupos com dois gatos: _____ × _____ = _____

NADYA_ART/ SHUTTERSTOCK

Tabuada do 3

Observe a organização desta outra tabuada:

TABUADA DO 3		
0 × 3	0	0
1 × 3	3	3
2 × 3	3 + 3	6
3 × 3	3 + 3 + 3	9
4 × 3	3 + 3 + 3 + 3	12
5 × 3	3 + 3 + 3 + 3 + 3	15
6 × 3	3 + 3 + 3 + 3 + 3 + 3	18
7 × 3	3 + 3 + 3 + 3 + 3 + 3 + 3	21
8 × 3	3 + 3 + 3 + 3 + 3 + 3 + 3 + 3	24
9 × 3	3 + 3 + 3 + 3 + 3 + 3 + 3 + 3 + 3	27
10 × 3	3 + 3 + 3 + 3 + 3 + 3 + 3 + 3 + 3 + 3	30

Agora complete:

a) Três grupos com três cachorros: 3 × 3 = 9

b) Quatro grupos com três cachorros: _____ × _____ = _____

c) Cinco grupos com três cachorros: _____ × _____ = _____

GUZ ANNA/SHUTTERSTOCK

Outras tabuadas

4 ×	0	1	2	3	4	5	6	7	8	9	10
	0	4	8	12	16	20	24	28	32	36	40

+4 +4 +4 +4 +4 +4 +4 +4 +4 +4

5 ×	0	1	2	3	4	5	6	7	8	9	10
	0	5	10	15	20	25	30	35	40	45	50

+5 +5 +5 +5 +5 +5 +5 +5 +5 +5

6 ×	0	1	2	3	4	5	6	7	8	9	10
	0	6	12	18	24	30	36	42	48	54	60

+6 +6 +6 +6 +6 +6 +6 +6 +6 +6

7 ×	0	1	2	3	4	5	6	7	8	9	10
	0	7	14	21	28	35	42	49	56	63	70

+7 +7 +7 +7 +7 +7 +7 +7 +7 +7

8 ×	0	1	2	3	4	5	6	7	8	9	10
	0	8	16	24	32	40	48	56	64	72	80

+8 +8 +8 +8 +8 +8 +8 +8 +8 +8

9 ×	0	1	2	3	4	5	6	7	8	9	10
	0	9	18	27	36	45	54	63	72	81	90

+9 +9 +9 +9 +9 +9 +9 +9 +9 +9

ATIVIDADES

1 Complete o quadro com os resultados das multiplicações. Observe os exemplos.

	0	1	2	3	4	5	6	7	8	9	10
0	0	0	0								
1	0	1	2								
2	0	2	4								
3											
4											
5											
6											
7											
8											
9											
10											

2 No quadro, pinte de amarelo os quadrinhos que têm 12 como resultado da multiplicação e complete as operações a seguir.

___ × ___ = 12 ___ × ___ = 12

___ × ___ = 12 ___ × ___ = 12

3 Calcule mentalmente.

a) 2 × 2 = ____________________
b) 3 × 3 = ____________________
c) 5 × 2 = ____________________
d) 1 × 1= ____________________
e) 8 × 2 = ____________________
f) 9 × 3 = ____________________
g) 6 × 2 = ____________________
h) 1 × 2 = ____________________
i) 4 × 3 = ____________________
j) 1 × 3 = ____________________
k) 6 × 3 = ____________________
l) 7 × 3 = ____________________
m) 3 × 2 = ____________________
n) 4 × 2 = ____________________
o) 5 × 3 = ____________________

4 Complete as seguintes multiplicações.

a) 5 × 7 = ____________________
b) 9 × 5 = ____________________
c) 3 × 8 = ____________________
d) 2 × 7 = ____________________
e) 7 × 5 = ____________________
f) 5 × 9 = ____________________
g) 8 × 3 = ____________________
h) 7 × 2 = ____________________

Agora, compare os resultados da primeira coluna com os da segunda. O que você pode concluir?

____

5 Complete as sequências:

a)	0	2	4							
b)	0	3	6							
c)	0	4	8							
d)	0	5	10							

6 Quantos quadrados há em cada figura? Anote o cálculo efetuado e o resultado ao lado de cada figura. Observe o exemplo.

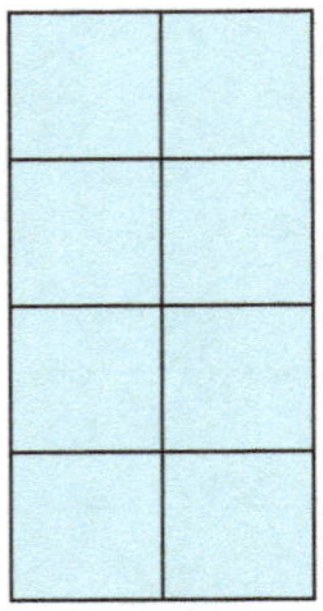

4 × 2 = 8

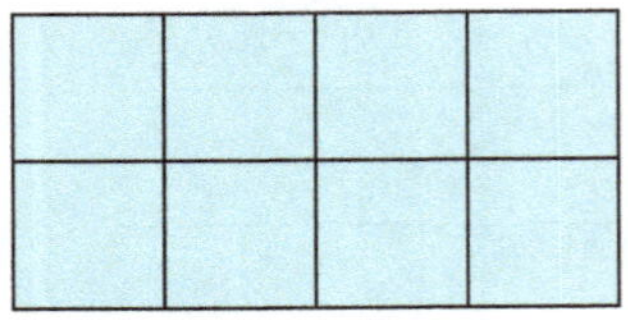

____

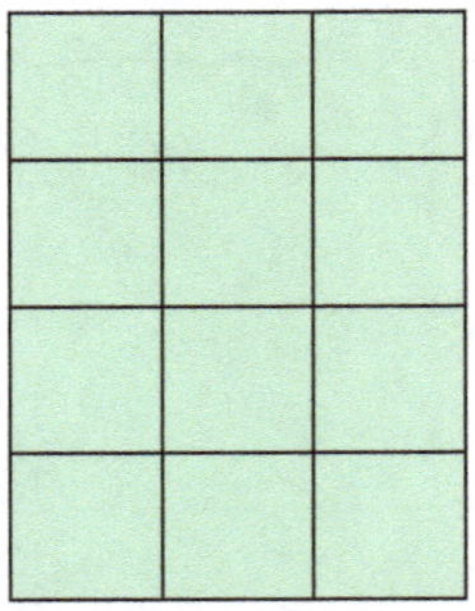

____

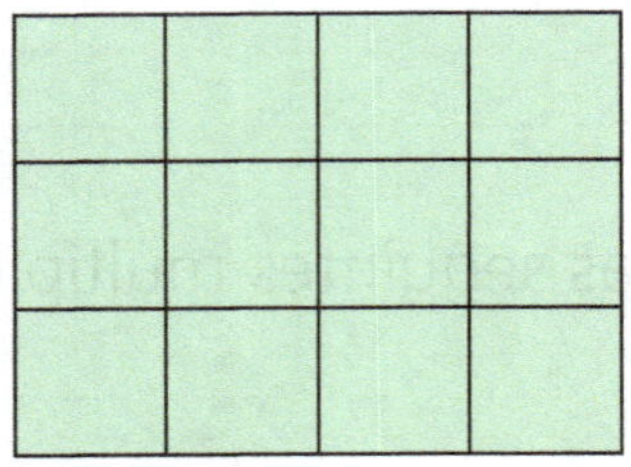

____

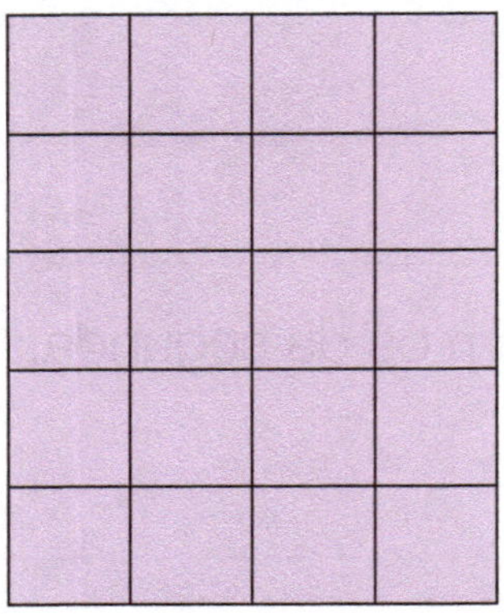

____

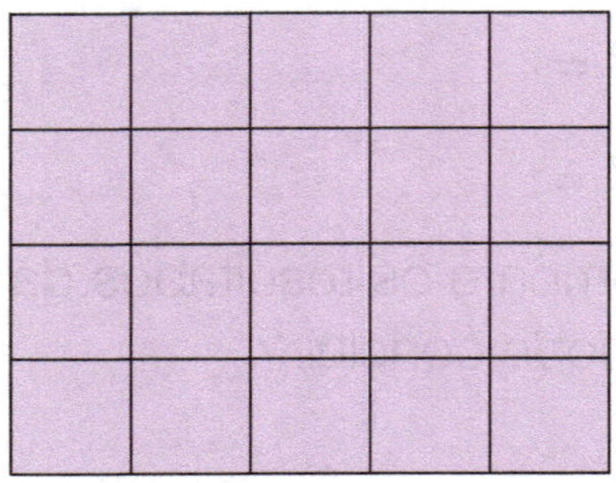

____

7 Calcule a quantidade total de ovos sabendo que em um supermercado há dez caixas de ovos iguais a esta.

JOTAH

Resposta: ____

8 Resolva os problemas.

a) Em uma caixa há seis copos. Em duas caixas há quantos copos?

☐ + ☐ = ☐ ☐ × ☐ = ☐

b) Rui anda 5 quilômetros todos os dias. Em três dias ele andará quantos quilômetros?

☐ + ☐ + ☐ = ☐ ☐ × ☐ = ☐

c) A sala da casa de Joana tem quatro janelas. Em cada janela há dois vidros. Na sala há quantos vidros?

☐ + ☐ + ☐ + ☐ = ☐ ☐ × ☐ = ☐

Algoritmo da multiplicação

- Pedro comprou 4 pacotes com 12 balas cada um.

Quantas balas ele comprou?

	D	U
	1	2
×		4
	4	8

4 vezes 2 unidades é igual a 8 unidades

4 vezes 1 dezena é igual a 4 dezenas

- Lucas gosta muito de ler. Ele leu 3 livros de 122 páginas cada um. Quantas páginas Lucas leu?

	C	D	U
	1	2	2
×			3
	3	6	6

3 vezes 2 unidades é igual a 6 unidades

3 vezes 2 dezenas é igual a 6 dezenas

3 vezes 1 centena é igual a 3 centenas

ATIVIDADES

1 Resolva no quadro de ordens.

a)

	C	D	U
		4	3
×			3

b)

	C	D	U
	1	2	2
×			3

c)

	C	D	U
	3	2	3
×			3

d)

	C	D	U
		6	2
×			4

e)

	C	D	U
	2	1	2
×			4

f)

	C	D	U
	2	4	0
×			2

g)

	C	D	U
		5	0
×			5

h)

	C	D	U
	1	1	0
×			4

i)

	C	D	U
	4	2	1
×			2

j)

	C	D	U
		8	4
×			2

k)

	C	D	U
	2	0	3
×			3

l)

	C	D	U
	2	3	2
×			3

O dobro e o triplo

Maria tem quatro anos e João tem o dobro de sua idade.

JOSÉ LUÍS JUHAS

O dobro de 4 é 8,
pois $4 + 4 = 8$.
$2 \times 4 = 8$

Antônio pesa 10 quilos e seu primo tem o triplo do seu peso.

IMAGINÁRIO STUDIO

O triplo de 10 é 30, pois
$10 + 10 + 10 = 30$.
$3 \times 10 = 30$

ATIVIDADES

1 Calcule o dobro de:

a) 7 → ________ **c)** 5 → ________ **e)** 15 → ________

b) 10 → ________ **d)** 6 → ________ **f)** 100 → ________

2 Calcule o triplo de:

a) 5 → ________ **c)** 20 → ________ **e)** 9 → ________

b) 7 → ________ **d)** 8 → ________ **f)** 100 → ________

3 Complete as sequências.

5	10	15							

6	12	18							

8	16	24							

4 Calcule mentalmente.

a) 1 × 12 = ________

b) 10 × 12 = ________

c) 100 × 12 = ________

d) 10 × 25 = ________

e) 100 × 25 = ________

f) 10 × 30 = ________

g) 100 × 30 = ________

h) 1000 × 30 = ________

i) 100 × 7 = ________

j) 1000 × 7 = ________

5 Calcule mentalmente o dobro de cada número.

a) 5 → ________

b) 10 → ________

c) 15 → ________

d) 20 → ________

e) 100 → ________

f) 200 → ________

g) 2 500 → ________

h) 4 050 → ________

6 Calcule mentalmente o triplo de cada número.

a) 2 → ________

b) 3 → ________

c) 5 → ________

d) 10 → ________

e) 20 → ________

f) 100 → ________

g) 300 → ________

h) 1 000 → ________

7 Calcule mentalmente.

a) 20 → (Dobro) → ___ → (Dobro) → ___ → (Dobro) → ___

b) ___ → (Triplo) → 30 → (Triplo) → ___ → (Triplo) → ___

c) 50 → (Dobro) → ___ → (Triplo) → ___ → (Dobro) → ___

PROBLEMAS

1 Mariana tem uma coleção de figurinhas. Para contá-las, agrupou-as em grupinhos de cinco, completando oito grupos e ainda sobraram duas figurinhas. Quantas figurinhas ela tem?

Cálculo

Resposta: ____________________

2 A dona da cantina da escola foi comprar chocolates no supermercado. Ela viu que em cada caixa há seis chocolates. Quantos chocolates há em três caixas?

Cálculo

Resposta: ____________________

3 No inverno, os pinguins-imperadores marcham para procriar na Antártida. As fêmeas desovam e vão buscar comida para os filhotes que nascerão, enquanto os machos guardam e chocam os ovos. A fêmea **A** partiu em busca de alimento e trouxe quatro peixes para seu filhote. A fêmea **B** trouxe o dobro da quantidade de peixes. Quantos peixes a fêmea **B** trouxe?

Cálculo

Resposta: ____________________

4 Combinei com minha mãe que hoje posso comprar lanche da cantina. Ela disse que eu poderia escolher um salgado, um doce e uma bebida. Veja quais são as opções de lanches vendidos na cantina e responda: Quantas combinações diferentes de lanche eu posso comprar?

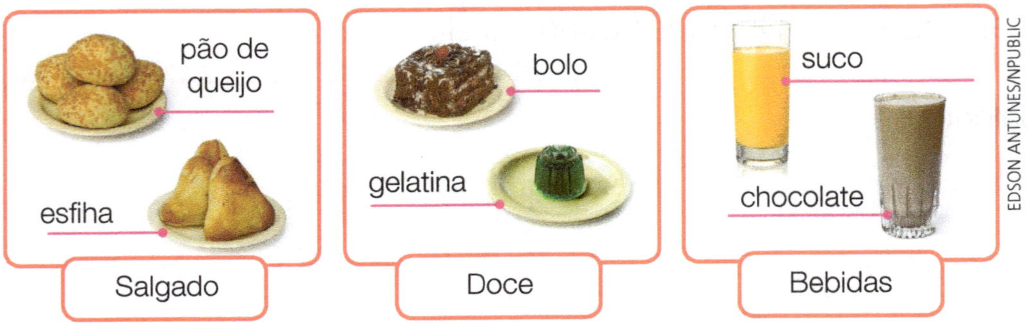

Para ajudar no raciocínio, primeiro escreva as opções.

Resposta: ______________________

5 Lúcia foi à sorveteria e pediu um cascão com sorvete e cobertura. Agora ela precisa escolher os sabores do sorvete: creme, chocolate ou morango; e da cobertura: caramelo, chocolate e morango. Quantas combinações diferentes ela pode fazer?

Resposta: ______________________________

6 Em uma sala de aula, a professora da escola arrumou as carteiras da seguinte maneira: quatro fileiras com seis carteiras em cada. Quantas carteiras há nessa sala de aula?

Cálculo

Resposta: ______________________________

7 Em uma lanchonete foram feitos três tabuleiros de salgados, conforme a figura. Foram vendidos 77 salgados. Quantos salgados restaram?

Cálculo

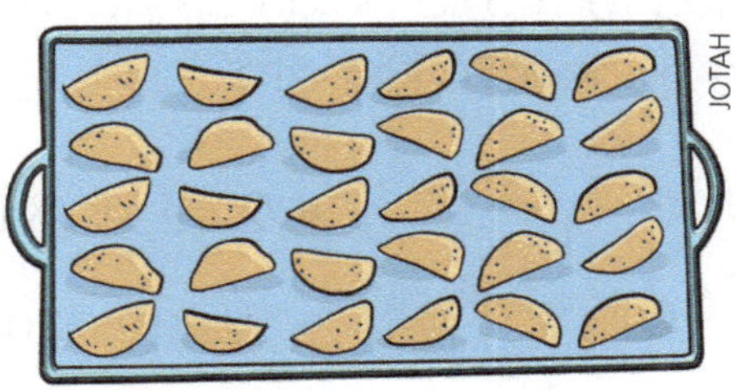

Resposta: ______________________________

Multiplicação com reagrupamento

Cristina vai fazer uma festa e comprou 3 caixas de empadas.

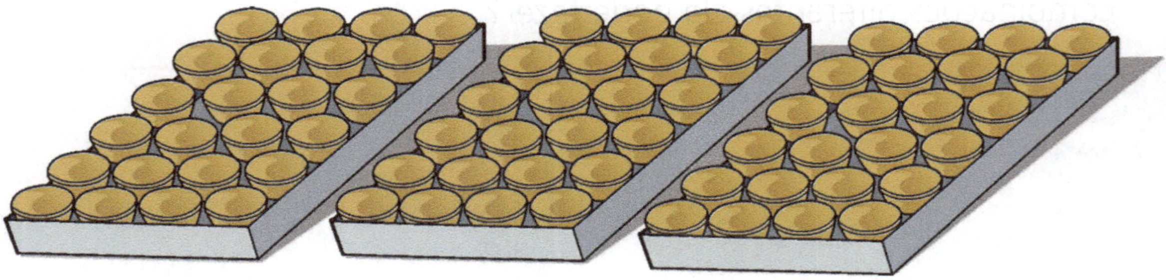
MW ED. ILUSTRAÇÕES

Cada caixa tem 24 empadas.

Quantas empadas Cristina comprou no total?

Vamos efetuar 24 × 3.

Algoritmo

	D	U
	①2	4
×		3
		2

- 3 vezes 4 unidades é igual a 12 unidades.
- 12 unidades = 1 dezena + 2 unidades
- No resultado, escrevemos 2 na ordem das unidades e ① na ordem das dezenas.

	D	U
	①2	4
×		3
	7	2

- 3 vezes 2 dezenas é igual a 6 dezenas.
- 6 dezenas mais ① dezena é igual a 7 dezenas.

Observe esta outra situação.

Marcos tem 378 bolas de gude e Renato tem 2 vezes mais. Quantas bolas de gude tem Renato?

	C	D	U
	3	①7	8
×			2
			6

- 2 vezes 8 unidades é igual a 16 unidades.
- 16 unidades = 10 dezenas + 6 unidades
- No resultado, escrevemos 6 na ordem das unidades e ① na ordem das dezenas.

	C	D	U
	①3	17	8
×			2
		5	6

- 2 vezes 7 dezenas é igual a 14 dezenas.
- 14 dezenas mais ① dezena é igual a 15 dezenas.
- 15 dezenas = 1 centena + 5 dezenas
- No resultado, escrevemos 5 na ordem das dezenas, e ① na ordem das centenas.

	C	D	U
	13	17	8
×			2
	7	5	6

- 2 vezes 3 centenas é igual a 6 centenas.
- 6 centenas mais ① centena é igual a 7 centenas.

ATIVIDADES

1 Efetue as multiplicações.

a) 32×6

b) 42×7

c) 64×3

d) 223×4

e) 59×2

f) 83×5

g) 126×6

h) 214×3

i) 73×6

j) 63×4

k) 338×2

l) 65×3

m) $\begin{array}{r} 43 \\ \times \quad 9 \\ \hline \end{array}$

n) $\begin{array}{r} 97 \\ \times \quad 5 \\ \hline \end{array}$

o) $\begin{array}{r} 218 \\ \times \quad 4 \\ \hline \end{array}$

p) $\begin{array}{r} 329 \\ \times \quad 3 \\ \hline \end{array}$

q) $\begin{array}{r} 114 \\ \times \quad 6 \\ \hline \end{array}$

r) $\begin{array}{r} 217 \\ \times \quad 6 \\ \hline \end{array}$

s) $\begin{array}{r} 328 \\ \times \quad 3 \\ \hline \end{array}$

t) $\begin{array}{r} 116 \\ \times \quad 5 \\ \hline \end{array}$

2 Arme e resolva.

a) 240 × 4

b) 150 × 5

c) 135 × 5

d) 148 × 6

e) 105 × 9

f) 397 × 2

g) 437 × 2

h) 108 × 8

i) 133 × 7

PROBLEMAS

1 Veja como Juliana resolveu o problema a seguir pelo algoritmo da multiplicação.

> Lídia organizou 5 calhamaços de folhas de sulfite colorida cada um com 230 folhas. Quantas folhas ela utilizou no total?

$$\begin{array}{r} 230 \\ \times \quad 5 \\ \hline 1\,150 \end{array}$$

Ana resolveu pelo método da decomposição.

$$5 \times 230 \qquad \begin{array}{r} 200 + \quad 30 \\ \times \quad 5 \\ \hline 1000 + 150 \end{array} = 1\,150$$

a) A diretora de uma escola comprou 625 caixas de lápis de cor para distribuir entre seus alunos. Em cada uma dessas caixas havia 6 lápis. Quantos lápis ela comprou no total?

Cálculo

b) A colheita de um laranjal deu 300 sacos com 9 laranjas cada. Quantas laranjas foram colhidas no total?

Cálculo

EU GOSTO DE APRENDER +

Leia abaixo um problema sobre a venda de espetinhos de frutas por Vitória e suas irmãs.

> Vitória e suas irmãs vendem espetinhos de fruta na feira de domingo. Elas chegam às 7 h da manhã. Cada espetinho é vendido por R$ 4,00. Na feira de ontem elas venderam 287 espetinhos até o fim da feira, às 14 h. Qual foi a quantia que elas arrecadaram com a venda dos espetinhos?

BERNASHAFO/ SHUTTERSTOCK

Responda.

a) Há dados numéricos nesse problema que não são necessários para a resolução? Quais? ____________________

b) Qual ideia está envolvida nesse problema? Faça um **X**.

( ) ideia de separar ( ) ideia de proporcionalidade

( ) ideia de combinatória ( ) ideia de acrescentar

c) Que operação está relacionada a essa ideia? ____________________

d) Antes de resolver o problema, escreva abaixo um plano, ou seja, um passo a passo de como você fará para resolver esse problema.

____

____

e) Agora resolva o problema.

Resposta: ____________________

Árvore de possibilidades

Observe como Suzane organizou os números de 3 algarismos que podem ser formados com os algarismos 1, 2 e 3, sem repeti-los:

1 — 2 – 3 → 123
1 — 3 – 2 → 132
2 — 1 – 3 → 213
2 — 3 – 1 → 231
3 — 1 – 2 → 312
3 — 2 – 1 → 321

Suzane verificou quais eram as combinações que poderiam ser feitas se o algarismo da centena fosse o 1, depois o 2 e, por fim, o 3. Por meio da árvore de possibilidades, Suzane descobriu as 6 possibilidades de construção dos números.

Descubra as possíveis combinações para compor um número com os três algarismos: 4, 5 e 8. Atenção, eles só podem ser utilizados uma vez na construção de cada número.

LIÇÃO 10

Divisão de números naturais

Repartindo em partes iguais

Rodrigo tem 16 soldadinhos de chumbo e quer fazer quatro fileiras, cada uma com a mesma quantidade de bonecos. Quantos soldadinhos ficarão em cada fileira?

16 soldadinhos divididos por 4 é igual a 4.

$16 \div 4 = 4$

Ele usou a **divisão** para distribuir igualmente os soldadinhos em filas.
A divisão pode ser representada das seguintes maneiras:

$16 \div 4 = 4$

dividendo (16) divisor (4) quociente (4)

ou

dividendo →	16	4	← divisor
	− 16	4	← quociente
	0 ← resto		

(chave: o traço que separa o dividendo do divisor)

Quando utilizamos a **chave**, dizemos que armamos a operação.

O sinal da divisão é **÷** (lê-se: **dividido por**).

ATIVIDADES

1 Circule as figuras do primeiro quadro, repartindo-as igualmente como se pede no segundo quadro. Depois, escreva a operação realizada.

a) 6 peixinhos

em 3 aquários

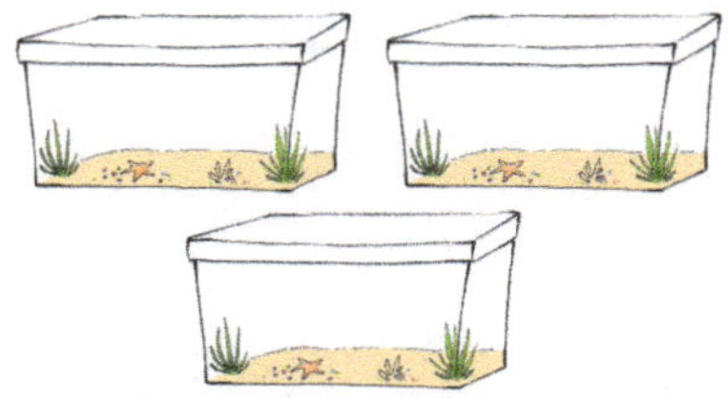

ULHÔA CINTRA

b) 8 piões

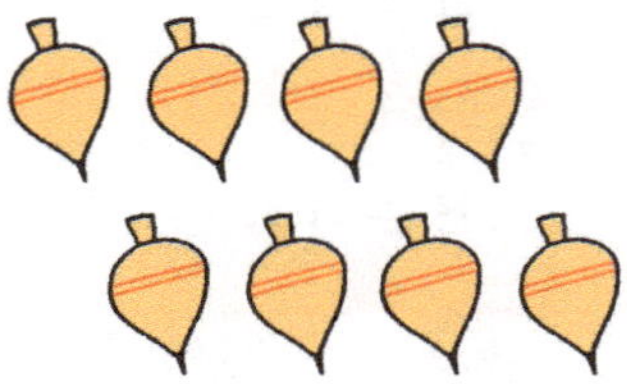

entre dois meninos

JOSÉ ANSELMO E IZOMAR/ ULHÔA CINTRA

c) 10 xícaras

entre 2 bandejas

ULHÔA CINTRA

d) 12 laranjas

em 3 caixas

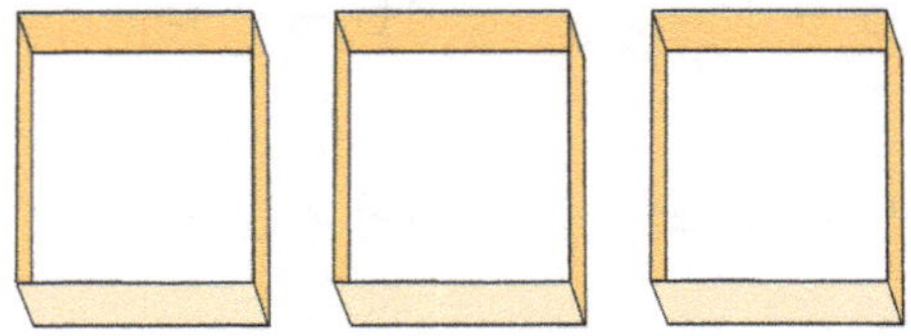

ULHÔA CINTRA

2 Resolva as divisões.

a) 21 ÷ 3 = ______

b) 24 ÷ 4 = ______

c) 36 ÷ 6 = ______

d) 49 ÷ 7 = ______

e) 10 ÷ 2 = ______

f) 32 ÷ 8 = ______

3 Complete as tabuadas da divisão.

1 ÷ 1 = ____	2 ÷ 2 = ____	3 ÷ 3 = ____	4 ÷ 4 = ____	5 ÷ 5 = ____
2 ÷ 1 = ____	4 ÷ 2 = ____	6 ÷ 3 = ____	8 ÷ 4 = ____	10 ÷ 5 = ____
3 ÷ 1 = ____	6 ÷ 2 = ____	9 ÷ 3 = ____	12 ÷ 4 = ____	15 ÷ 5 = ____
4 ÷ 1 = ____	8 ÷ 2 = ____	12 ÷ 3 = ____	16 ÷ 4 = ____	20 ÷ 5 = ____
5 ÷ 1 = ____	10 ÷ 2 = ____	15 ÷ 3 = ____	20 ÷ 4 = ____	25 ÷ 5 = ____
6 ÷ 1 = ____	12 ÷ 2 = ____	18 ÷ 3 = ____	24 ÷ 4 = ____	30 ÷ 5 = ____
7 ÷ 1 = ____	14 ÷ 2 = ____	21 ÷ 3 = ____	28 ÷ 4 = ____	35 ÷ 5 = ____
8 ÷ 1 = ____	16 ÷ 2 = ____	24 ÷ 3 = ____	32 ÷ 4 = ____	40 ÷ 5 = ____
9 ÷ 1 = ____	18 ÷ 2 = ____	27 ÷ 3 = ____	36 ÷ 4 = ____	45 ÷ 5 = ____
10 ÷ 1 = ____	20 ÷ 2 = ____	30 ÷ 3 = ____	40 ÷ 4 = ____	50 ÷ 5 = ____

6 ÷ 6 = ____	7 ÷ 7 = ____	8 ÷ 8 = ____	9 ÷ 9 = ____	10 ÷ 10 = ____
12 ÷ 6 = ____	14 ÷ 7 = ____	16 ÷ 8 = ____	18 ÷ 9 = ____	20 ÷ 10 = ____
18 ÷ 6 = ____	21 ÷ 7 = ____	24 ÷ 8 = ____	27 ÷ 9 = ____	30 ÷ 10 = ____
24 ÷ 6 = ____	28 ÷ 7 = ____	32 ÷ 8 = ____	36 ÷ 9 = ____	40 ÷ 10 = ____
30 ÷ 6 = ____	35 ÷ 7 = ____	40 ÷ 8 = ____	45 ÷ 9 = ____	50 ÷ 10 = ____
36 ÷ 6 = ____	42 ÷ 7 = ____	48 ÷ 8 = ____	54 ÷ 9 = ____	60 ÷ 10 = ____
42 ÷ 6 = ____	49 ÷ 7 = ____	56 ÷ 8 = ____	63 ÷ 9 = ____	70 ÷ 10 = ____
48 ÷ 6 = ____	56 ÷ 7 = ____	64 ÷ 8 = ____	72 ÷ 9 = ____	80 ÷ 10 = ____
54 ÷ 6 = ____	63 ÷ 7 = ____	72 ÷ 8 = ____	81 ÷ 9 = ____	90 ÷ 10 = ____
60 ÷ 6 = ____	70 ÷ 7 = ____	80 ÷ 8 = ____	90 ÷ 9 = ____	100 ÷ 10 = ____

Algoritmo da divisão

Sandra colocou 28 revistas em duas pastas, de modo que cada pasta ficou com a mesma quantidade de revistas. Quantas revistas ela colocou em cada pasta?

Para saber a resposta, dividimos 28 por 2.

```
   DU
   28 | 2
 - 20 |----
        14
   08   DU
 -  8
    0
```

28 é igual a 2 dezenas mais 8 unidades.

- Dividimos 2 dezenas por 2 ⟶ 2 D ÷ 2 = 1 D
- 2 vezes 1 dezena é igual a 2 dezenas.
  2 × 1 D = 2 D = 20
- Subtraímos 20 de 28 ⟶ 28 – 20 = 8 unidades.
- Dividimos 8 unidades por 2:
  8 ÷ 2 = 4 unidades.
- 2 vezes 4 unidades é igual a 8 unidades.
- Subtraímos 8 de 8 unidades ⟶ 8 – 8 = 0.

Resposta: Sandra colocou 14 revistas em cada pasta.

PROBLEMAS

1 Glória vai embalar 18 bombons em 3 caixas. Quantos bombons ficarão em cada caixa?

Cálculo

Resposta: ______

2 Henrique organizou os 42 botões de sua coleção em cartelas. Em cada cartela cabem 6 botões. Quantas cartelas foram necessárias para Henrique organizar todos os botões?

Cálculo

Resposta: ______

3 Uma sala de aula tem 20 cadeiras. Estas cadeiras serão organizadas em 5 fileiras. Quantas cadeiras ficarão em cada fileira?

Cálculo

Resposta: ______

Divisão exata e divisão não exata

Veja estas situações.

Situação 1

Marcelo vai estudar com 4 amigos em sua casa. A mãe dele gosta de fazer bombons. Ela preparou 20 bombons para Marcelo distribuir entre ele e seus amigos.

JOTAH

Quantos bombons Marcelo dará para cada amigo?

Dividindo o número de bombons pelo número de crianças, vamos saber.

$$\begin{array}{r|l} 20 & 5 \\ \hline -\,20 & 4 \\ \hline 0 & \leftarrow \text{resto} \end{array}$$

Marcelo dará 4 bombons para cada amigo.

Uma divisão é **exata** quando seu resto é zero.

Situação 2

O professor de Marcelo vai formar grupos para um trabalho de Geografia. O número de alunos é 27. E o professor quer formar grupos de 5 alunos.

JOTAH

Quantos grupos serão formados?

Dividindo o número total de alunos pela quantidade de alunos por grupo, vamos saber.

$$\begin{array}{r|l} 27 & 5 \\ \hline -\,25 & 5 \\ \hline 2 & \leftarrow \text{resto} \end{array}$$

Serão formados 5 grupos de 5 alunos e sobrarão 2 alunos.

Quando uma divisão deixa resto, chamamos de divisão **não exata**.

Atenção!
Em uma divisão não exata, o resto deve ser menor que o divisor.

ATIVIDADES

1 Arme as divisões para encontrar os resultados.

a) 7 ÷ 2 = ______ **b)** 17 ÷ 4 = ______ **c)** 16 ÷ 5 = ______

d) 11 ÷ 4 = ______ **e)** 9 ÷ 2 = ______ **f)** 13 ÷ 2 = ______

g) 63 ÷ 3 = ______ **h)** 77 ÷ 7 = ______ **i)** 46 ÷ 4 = ______

j) 84 ÷ 3 = ______ **k)** 68 ÷ 4 = ______ **l)** 75 ÷ 3 = ______

2 Quais divisões da atividade anterior apresentam resultados exatos?

Verificação da divisão

A divisão é a operação inversa da multiplicação.
Observe:

10 ÷ 5 = 2, então: 2 x 5 = 10

Esse é um exemplo de divisão exata. Para verificar se uma divisão exata está correta, multiplicamos o quociente pelo divisor e encontramos o dividendo.

dividendo →	10	5	← divisor	
	− 10	2	← quociente	
resto →	0			

$$\begin{array}{r} 5 \\ \times\ 2 \\ \hline 10 \end{array}$$

Observe outra divisão:

19 ÷ 5 = 3, e tem resto 4

Esse é um exemplo de **divisão não exata**. Para verificar se uma divisão que tem resto está correta, multiplicamos o quociente pelo divisor e somamos o produto ao resto, encontrando o dividendo.

dividendo →	19	5	← divisor
	− 15	3	← quociente
resto →	4		

$$\begin{array}{r} 5 \\ \times\ 3 \\ \hline 15 \\ +\ 4 \\ \hline 19 \end{array}$$

Temos duas maneiras de registrar as divisões.

Método longo		**Método breve**	
83	3	83	3
− 6	27	23	27
23		2	
− 21			
2			

ATIVIDADES

1 Resolva e complete:

a) 2 × 5 = 10
- 10 ___ 2 = ______
- 10 ___ 5 = ______

b) 8 × 3 = 24
- 24 ___ 8 = ______
- 24 ___ 3 = ______

c) 6 × 5 = 30
- 30 ___ 6 = ______
- 30 ___ 5 = ______

d) 5 × 4 = 20
- 20 ___ 4 = ______
- 20 ___ 5 = ______

e) 6 × 2 = 12
- 12 ___ 6 = ______
- 12 ___ 2 = ______

f) 2 × 7 = 14
- 14 ___ 2 = ______
- 14 ___ 7 = ______

g) 2 × 8 = 16
- 16 ___ 2 = ______
- 16 ___ 8 = ______

h) 9 × 3 = 27
- 27 ___ 9 = ______
- 27 ___ 3 = ______

2 Descubra qual é o número que está faltando nas seguintes divisões.

a) 6 ÷ ___ = 3

b) 12 ÷ 4 = ___

c) ___ ÷ 3 = 3

d) ___ ÷ 3 = 8

e) ___ ÷ 4 = 4

f) 15 ÷ ___ = 5

g) 10 ÷ 2 = ___

h) 20 ÷ ___ = 5

i) 10 ÷ ___ = 5

3 Observe o exemplo, resolva as operações e confira suas respostas com a operação inversa.

$96 \div 4 = 24$

$$\begin{array}{r|l} 96 & 4 \\ \cline{2-2} -\ 8 & 24 \\ \cline{1-1} 16 & \\ -\ 16 & \\ \cline{1-1} 0 & \end{array} \qquad \begin{array}{r} {}^{1}24 \\ \times\ \ 4 \\ \hline 96 \end{array}$$

a) $96 \div 3 =$ ______________

d) $48 \div 2 =$ ______________

b) $63 \div 3 =$ ______________

e) $33 \div 3 =$ ______________

c) $15 \div 5 =$ ______________

f) $83 \div 3 =$ ______________

4 Resolva as divisões e circule as que apresentam resultados não exatos.

a) 482 | 2

d) 848 | 4

g) 264 | 2

b) 684 | 2

e) 845 | 4

h) 976 | 6

c) 958 | 5

f) 543 | 3

i) 629 | 5

5 Resolva as operações:

a) 126 ÷ 3 = ______

d) 246 ÷ 3 = ______

g) 176 ÷ 8 = ______

b) 276 ÷ 4 = ______

e) 783 ÷ 9 = ______

h) 210 ÷ 5 = ______

c) 926 ÷ 7 = ______

f) 347 ÷ 4 = ______

i) 724 ÷ 4 = ______

PROBLEMAS

1. A prefeitura de uma cidade comprou 35 mudas de ipê para serem plantadas em cinco ruas da cidade. Todas as ruas devem receber o mesmo número de mudas. Quantas mudas de ipê serão plantadas em cada rua?

Cálculo

Resposta: ______________________________

2. No carrinho de sorvete do senhor Joaquim há 45 picolés. Ele quer distribuí-los igualmente entre quatro crianças. Quantos picolés sobrarão no carrinho do senhor Joaquim?

Cálculo

Resposta: ______________________________

3. Um jardineiro possuía 624 mudas de mangueira. Morreram 186 mudas. As mudas que sobraram foram plantadas em quantidades iguais em dois terrenos. Quantas mudas de mangueira foram colocadas em cada terreno?

Cálculo

Resposta: ______________________________

4 Depois de resolver os problemas envolvendo divisão, o professor de Carlos e de Catarina pediu para que resolvessem o seguinte problema:

Se dividir 135 bolas em 9 caixas, quantas bolas ficarão em cada caixa?

Veja como cada um resolveu:

RICARDO PAONESSA

Carlos resolveu o problema por etapas.

1º) Colocou 10 bolas em cada caixa.

10 10 10
10 10 10 } 135 – 90 = 45
10 10 10

2º) Depois, colocou mais 5 bolas em cada caixa.

5 5 5
5 5 5 } 45 – 45 = 0
5 5 5

10 + 5 = 15 bolas em cada caixa
Então, 135 ÷ 9 = 15

RICARDO PAONESSA

Catarina resolveu usando o algoritmo da divisão:

```
 135 | 9
– 9    15
 ---
  45
– 45
 ---
   0
```

Agora é sua vez! Resolva os problemas a seguir da maneira que preferir.

a) Ricardo comprou 800 salgadinhos para uma festa. Esses salgadinhos foram igualmente separados em embalagens com 8 unidades. Quantas embalagens foram montadas?

b) Uma floricultura tinha 630 rosas para fazer buquês com 7 rosas cada. Quantos buquês é possível fazer com essa quantidade de rosas?

EU GOSTO DE APRENDER +

1 Leia abaixo o problema.

O Cine Escola esteve lotado nas 5 sessões de um filme sobre a vida marinha. As sessões aconteceram em 3 dias. Ao todo 640 alunos da escola assistiram ao filme.
Quantos lugares há na sala do Cine da Escola?

a) Há dados numéricos nesse problema que não são necessários para a resolução? Quais? ____________________

b) Que operação você acha que deverá usar para resolver esse problema? ____________________

c) Agora resolva o problema.

Resposta: ____________________

2 Abaixo, um problema foi iniciado e ainda tem um dado faltando. Continue escrevendo o problema de modo que apareça algum dado que não será necessário utilizar na resolução.

Murilo tem de empacotar ovos em cartelas com 6 ovos. Ele tem ____________________ ovos para empacotar.
____

- Troque seu problema com um colega e resolva o problema elaborado por ele.

LIÇÃO 11 Geometria plana

Retas e curvas

Observe as fotos.

LAURENI FOCHETTO

As linhas do caderno lembram retas paralelas.

EDSON ANTUNES/N-PUBLIC

O bambolê representa uma linha curva fechada.

ABLESTOCK

Esses trilhos lembram linhas retas paralelas.

ABLESTOCK

O contorno do tobogã lembra linhas curvas.

ATIVIDADES

1 Faça um desenho ligando os pontos com linhas retas. Utilize régua.

2 Agora, faça outro desenho apenas com linhas curvas.

Figuras geométricas planas

Observe o contorno feito com lápis, em uma folha de papel, de uma das faces de cada sólido geométrico. As figuras obtidas são denominadas figuras **geométricas planas**.

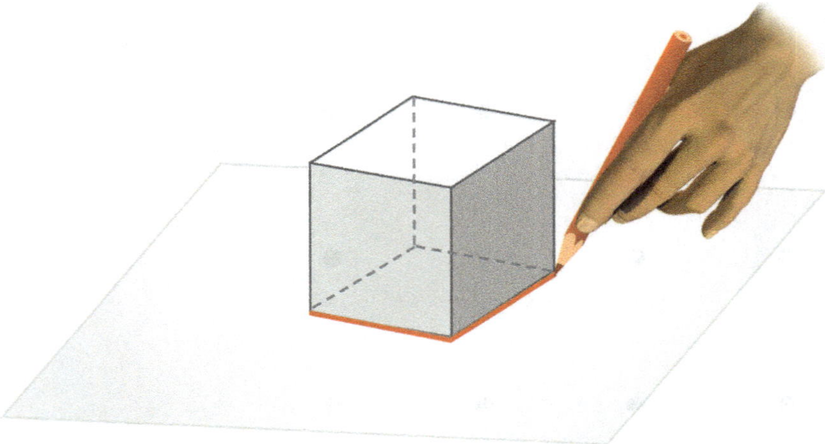

ACERVO DA EDITORA

cubo

quadrado

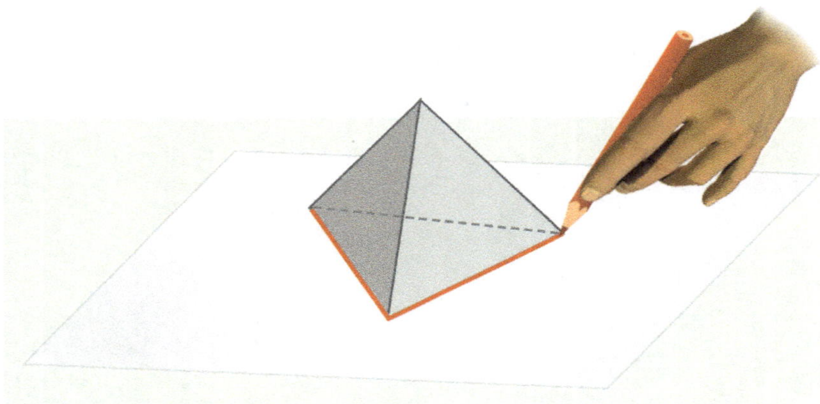

ACERVO DA EDITORA

pirâmide

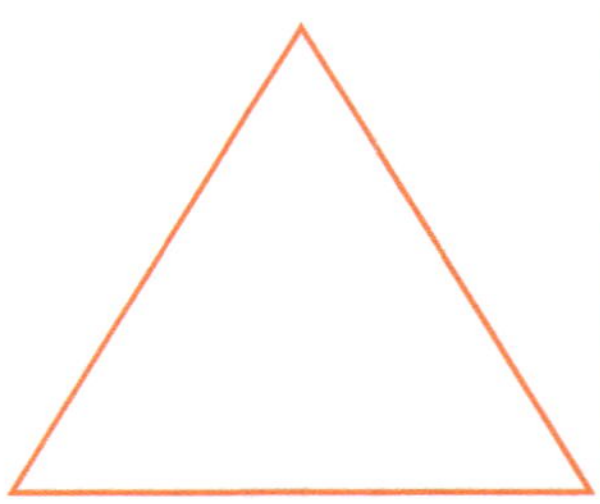

triângulo

Quadrado e **triângulo** são figuras geométricas planas.

ATIVIDADES

1 Ligue os sólidos geométricos às figuras planas que podem ser encontradas em suas faces:

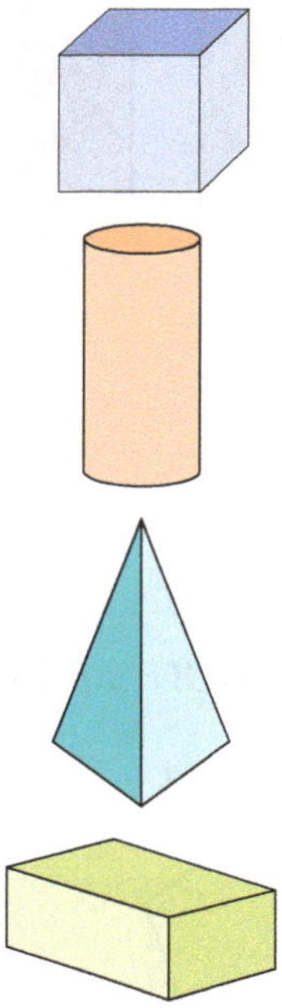

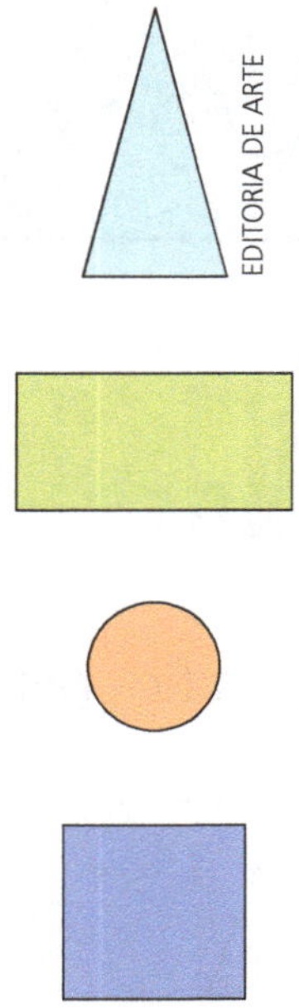

EDITORIA DE ARTE

2 As figuras planas também estão presentes nas placas de trânsito. Escreva o nome da figura geométrica que cada placa lembra.

EDSON ANTUNES/ NPUBLIC

_______________ _______________

_______________ _______________

Você sabe o significado de cada placa?
Converse com seus colegas.

Classificação de algumas figuras planas

Observe as figuras abaixo e seus nomes.

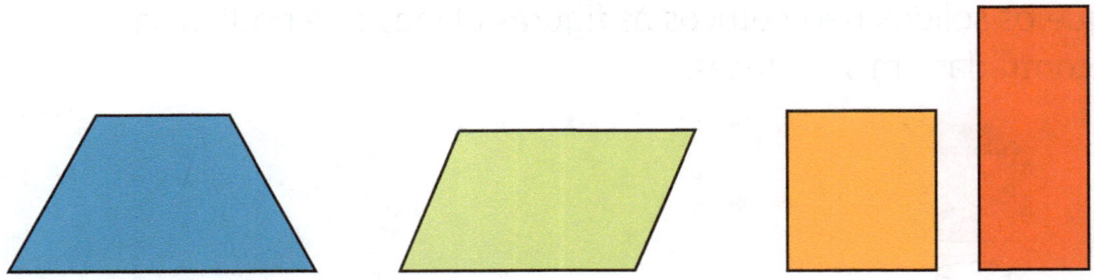

Trapézio   Paralelogramo   Quadrado   Retângulo

EDITORIA DE ARTE

ATIVIDADES

1 Pinte as figuras abaixo de acordo com as cores das figuras acima.

Veja os elementos das figuras planas compostas por linhas retas.

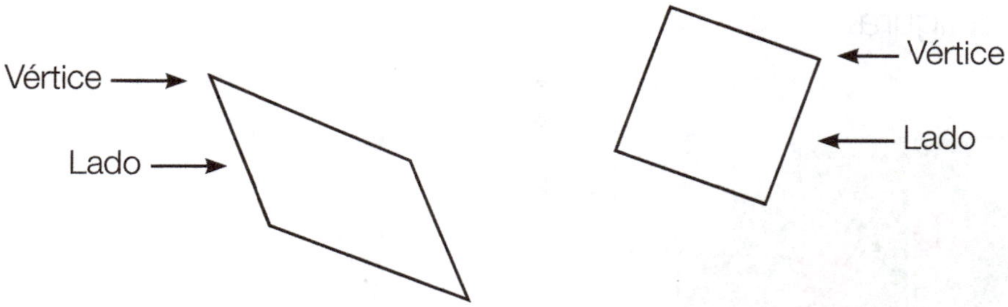

2 Pedro desenhou em seu caderno figuras geométricas com 4 lados. Circule as figuras que Pedro pode ter desenhado.

a) Quantos vértices têm as figuras que você circulou?

☐ 3 ☐ 4 ☐ 5

b) Faça um **X** nas figuras com três lados.

c) Qual o nome das figuras geométricas planas com três lados?

____

Quantos vértices tem cada triângulo?

☐ 3 ☐ 4 ☐ 5

Figuras congruentes

Observe a figura.

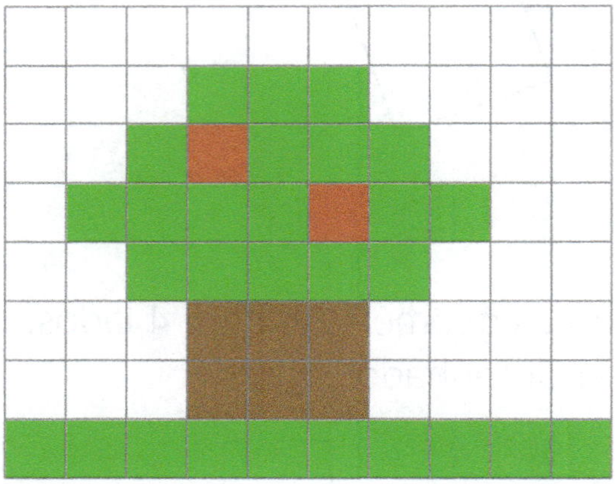

Qual das imagens a seguir é igual à figura apresentada? Marque com um **X**.

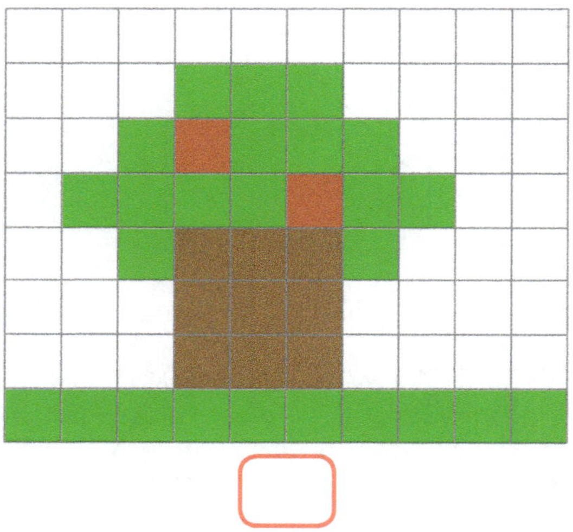

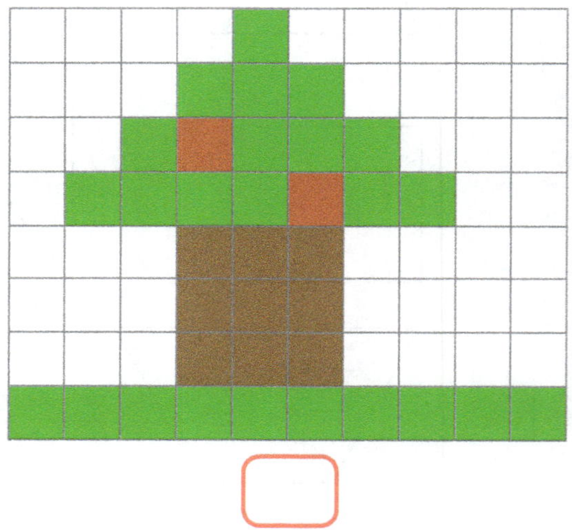

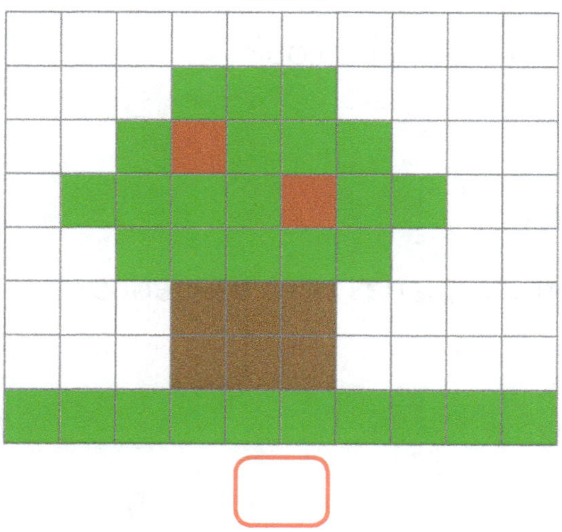

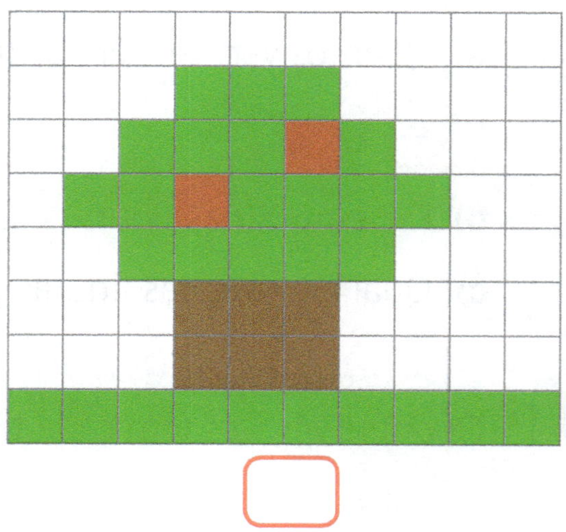

ATIVIDADES

1 Reproduza na malha quadriculada duas vezes o desenho a seguir.

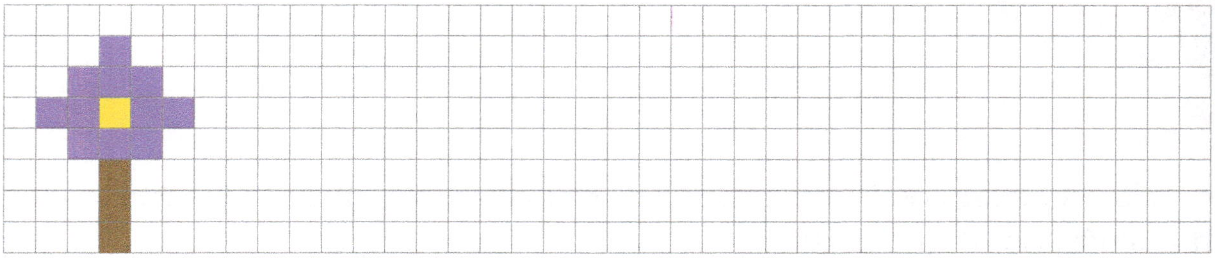

EDITORIA DE ARTE

2 Relacione as figuras com a mesma forma.

EDITORIA DE ARTE

LIÇÃO 12

Álgebra: sequência e igualdade

Sequência

Heloisa gosta de fazer artesanato. E gosta também dos padrões matemáticos. Veja o colar que ela fez.

RICARDO PAONESSA

- Este colar é composto por quantas fileiras de pedras coloridas?
- As fileiras estão em ordem crescente ou decrescente de quantidade de pedras?
- A maior fila tem quantas pedras?
- Como a ordem das cores está composta na fileira mais longa? Descreva essa ordem.

> Os elementos que compõem uma sequência são os **termos** da sequência. Esses termos são organizados, a partir do primeiro termo, seguindo uma regra de formação, que chamamos de **padrão** da sequência.

Por exemplo, observe a sequência numérica:

2, 5, 8, 11, 14, 17, 20.

Essa sequência tem 7 termos. O primeiro termo é 2. O **padrão** é "**somar 3 ao número anterior**", a partir do número 2.

ATIVIDADES

1 Observe as sequências de números. Descubra os números que faltam e complete.

a)

45	55	65		85		

b)

180		120	90			

c)

105	100		90	85		

2 Observe a sequência e complete os termos ausentes.

7849	7859	7869		7889		

Agora responda:

a) Qual é o primeiro termo? ______________________

b) Essa sequência é crescente ou decrescente? ______________________

c) Quantos termos ela tem? ______________________

d) Qual é o último termo? ______________________

3 Descreva o padrão de cada sequência de números a seguir.

a)

1152	1252	1352	1452	1552	1652	1752

____

b)

1135	2140	3145	4150	5155	6160	7165

____

c)

2750	2500	2250	2000	1750	1500	1250

____

4 Observe as fichas numéricas abaixo.

2 500	1 900	2 350	2 200	2 650	2 050

a) Organize os números que estão nas fichas em ordem crescente.

____

b) Descreva o padrão dessa sequência organizada em ordem crescente.

____

5 Ligue os pontos a partir do menor número.

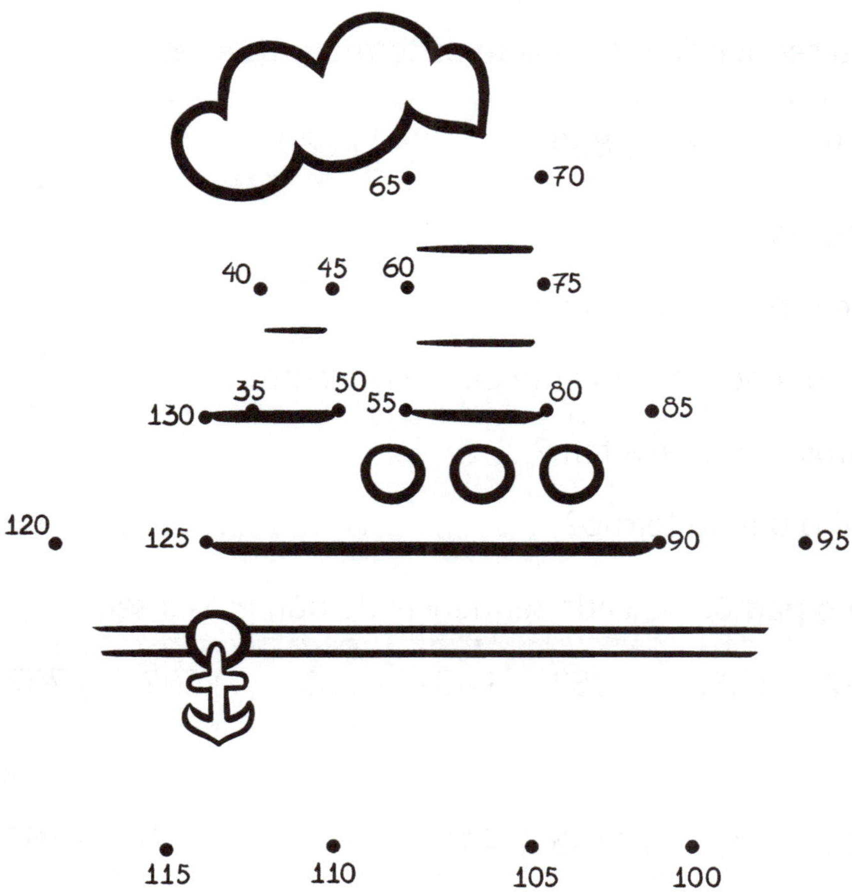

KSENYA SAVVA/SHUTTERSTOCK

a) Qual é o menor número dessa sequência? ____________________

b) Qual é o padrão dessa sequência? ____________________

Relação de igualdade

Observe as duas situações.

Veja as maçãs no cesto de Joel.

a) Quantas maçãs tem no cesto de Joel? ______

Joel vai colher mais 3 maçãs e colocar no cesto.

b) Desenhe no cesto as maçãs que Joel vai colher.

c) Quantas maçãs tem no cesto?

______

d) Escreva uma adição que represente a quantidade de maçãs no cesto de Joel.

____ + ____ = ____

Veja as maçãs no cesto de Guilherme.

RICARDO PAONESSA

a) Quantas maçãs tem no cesto de Guilherme? ______

Guilherme vai colher mais 2 maçãs e colocar no cesto.

b) Desenhe no cesto as maçãs que Guilherme vai colher.

c) Quantas maçãs tem no cesto?

______

d) Escreva uma adição que represente a quantidade de maçãs no cesto de Guilherme.

____ + ____ = ____

- Converse com os colegas sobre os resultados obtidos nas duas situações.

Agora complete:

5 + ____ = 6 + ____

primeiro membro da igualdade — segundo membro da igualdade

A sentença matemática acima representa uma **relação de igualdade**.

ATIVIDADES

1 Observe as duas situações.

Suzana comprou uma bandeja com 30 ovos. Ela usou 12 ovos para fazer 4 bolos.

GIVAGA/SHUTTERSTOCK

a) Circule na imagem a quantidade de ovos que Suzana usou.

b) Quantos ovos sobraram?

c) Represente quantos ovos sobraram por meio de uma subtração.

_____ – _____ = _____

Túlio comprou uma bandeja de ovos como esta:

FENG YU/SHUTTERSTOCK

a) Quantos ovos tem na bandeja que Túlio comprou?

b) Túlio usou 2 ovos para fazer uma omelete. Circule a quantidade de ovos que ele usou.

c) Quantos ovos sobraram?

d) Represente quantos ovos sobraram por meio de uma subtração.

_____ – _____ = _____

Agora, com base nessa situação, escreva a relação de igualdade:

_____ – _____ = _____ – _____

2 Leia o que as crianças estão dizendo.

CASA DA MOEDA DO BRASIL

SHUTTERSTOCK/SUBARASHII21

Complete a relação de igualdade que representa a quantia das duas crianças:

_____ + _____ = _____ + _____ + _____

3 Ligue cada soma ao número correspondente.

500 + 400

5 + 2

25 + 25

300 + 600

18 + 6

10 + 40

7 **900** **24** **50**

1 + 6

20 + 30

15 + 9

4 + 3

100 + 800

12 + 12

4 Ligue cada diferença ao número correspondente.

9 – 7

70 – 20

36 – 10

40 – 14

100 – 50

50 – 24

2 **300** **26** **50**

350 – 50

40 – 38

700 – 400

7 – 5

925 – 625

90 – 40

INFORMAÇÃO E ESTATÍSTICA

Cobertura de vacinação no Brasil nos últimos 3 anos

As vacinas existem para proteger as pessoas de várias doenças.

Para que a cobertura de vacinação seja considerada adequada, ela precisa estar acima de 95 por cento (95%). Esse número significa que, em cada 100 pessoas, 95 foram vacinadas. Se essa taxa for menor do que 95, há risco de termos essas doenças de volta.

Observe os gráficos que apresentam a cobertura de vacinação contra sarampo e poliomielite nos 3 últimos anos.

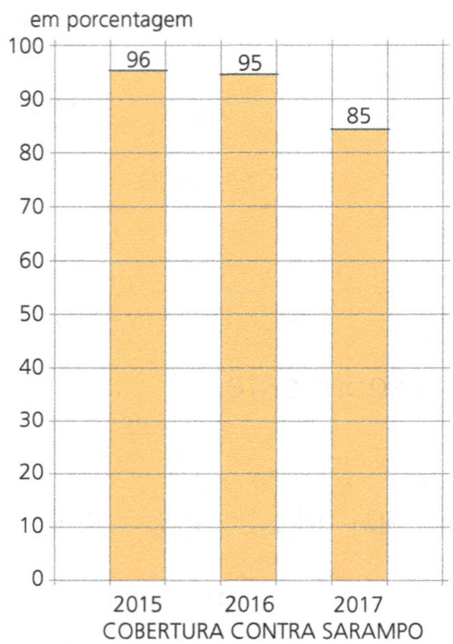

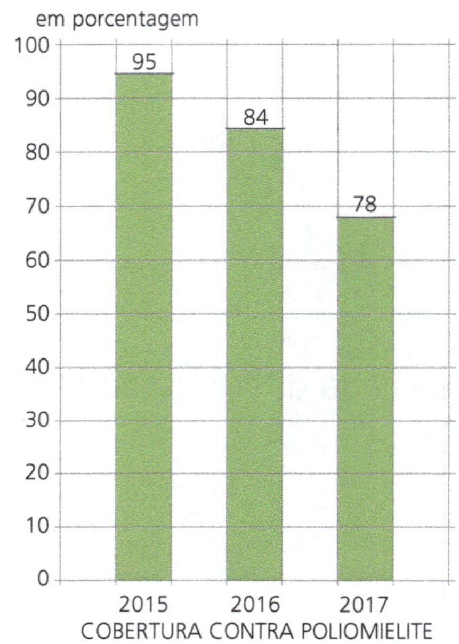

Fonte: <https://bit.ly/2LqGxIN>. Acesso em: 18 jul. 2018.

Observe os gráficos e responda.

a) O número de crianças vacinadas contra sarampo aumentou ou diminuiu de 2015 para 2016? E de 2016 para 2017?

b) O número de crianças vacinadas contra poliomielite aumentou ou diminuiu de 2015 para 2017?

c) O número considerado adequado de cobertura para vacinação é de ________ pessoas vacinadas para um total de 100 pessoas.

d) Você tomou todas as vacinas indicadas para crianças de até 5 anos de idade? Pesquise com seus familiares.

LIÇÃO 13 Frações

Metade ou meio

Mariana dividiu um bolo de chocolate em duas partes iguais e deu uma delas à sua amiga Cláudia.

JOTAH

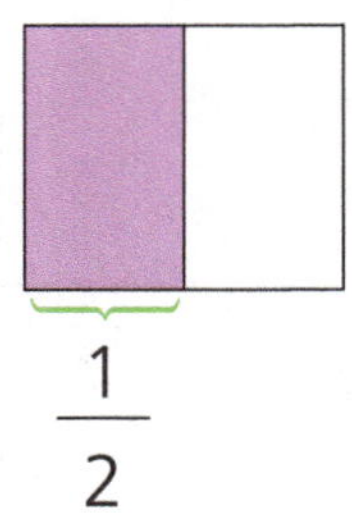

Para achar a **metade** ou **meio**, dividimos o inteiro em duas partes iguais.

Usando números, representamos a metade ou o meio assim: $\frac{1}{2}$, e chamamos essa representação de **fração**.

- O algarismo que fica acima do traço de fração indica o número de partes consideradas de um inteiro.
- O algarismo que fica abaixo do traço de fração indica em quantas partes o inteiro foi dividido.

ATIVIDADES

1 Calcule e complete.

a) A metade de 22 é ______

b) A metade de 60 é ______

c) A metade de 18 é ______

d) A metade de 150 é ______

2 Pinte o que se pede.

a) $\frac{1}{2}$ da pizza

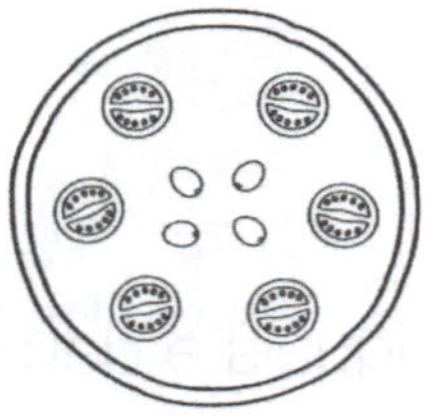

c) $\frac{1}{2}$ do campo de futebol

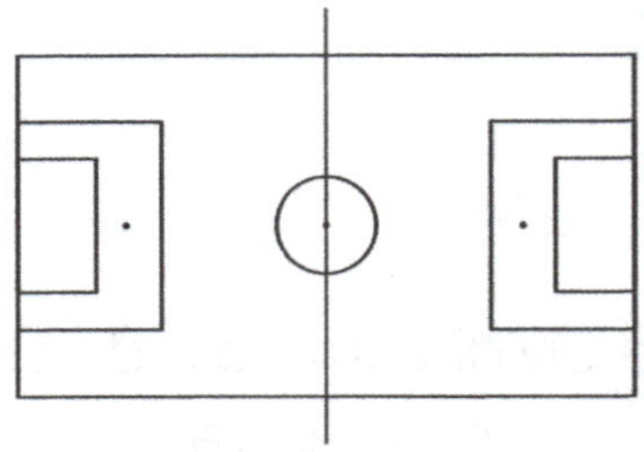

b) $\frac{1}{2}$ de 6 figurinhas

d) $\frac{1}{2}$ do prato

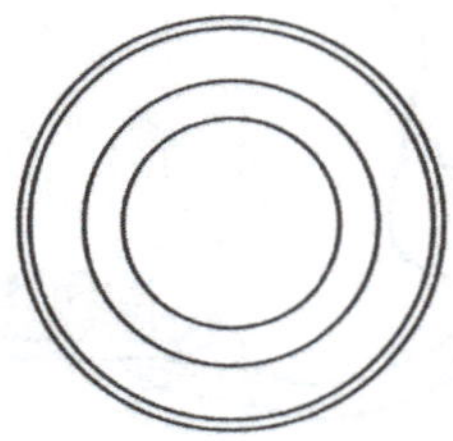

OSVALDO SEQUETIN

Um terço ou terça parte

Lucas, Pedro e Mateus foram à pizzaria. Escolheram uma pizza de muçarela e pediram ao garçom para dividi-la em 3 partes iguais.

JOTAH

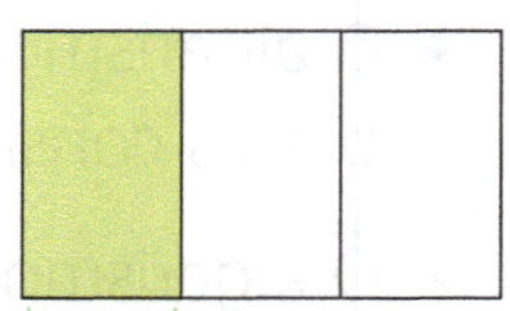

$\frac{1}{3}$

Para obter **um terço** ou a **terça parte**, dividimos o inteiro por 3, igualmente. Um terço ou terça parte é cada uma das 3 partes iguais em que se divide o inteiro.

Representamos um terço ou a terça parte assim: $\frac{1}{3}$.

$\frac{1}{3}$ lê-se: um terço.

- O algarismo que fica acima do traço de fração indica o número de partes consideradas de um inteiro. Nesse caso, apenas uma das partes.
- O algarismo que fica abaixo do traço de fração indica em quantas partes o inteiro está dividido. No caso, o inteiro foi dividido por 3.

ATIVIDADES

1 Calcule e complete.

a) A terça parte de 12 é ______.

b) A terça parte de 24 é ______.

c) A terça parte de 48 é ______.

d) A terça parte de 90 é ______.

2 Pinte as figuras conforme o resultado das divisões.

a) um terço de 12

12 ÷ 3 = ______________

c) um terço de 6

6 ÷ 3 = ______________

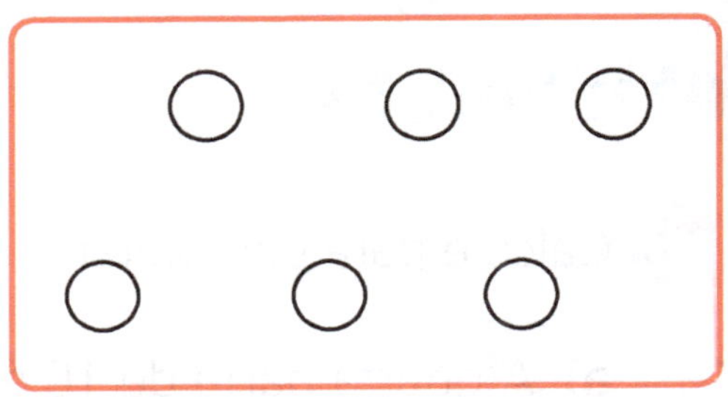

b) um terço de 9

9 ÷ 3 = ______________

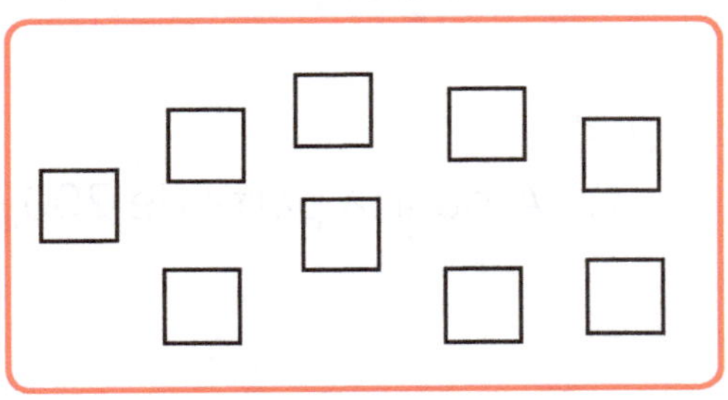

d) um terço de 15

15 ÷ 3 = ______________

Um quarto ou quarta parte

Luciana e mais três amigas fizeram um pão caseiro e o repartiram igualmente entre as quatro.

Para obter **um quarto** ou **quarta parte**, dividimos o inteiro por 4.

Um quarto ou quarta parte é cada uma das 4 partes iguais em que se divide o inteiro.

Representamos um quarto ou quarta parte assim: $\frac{1}{4}$.

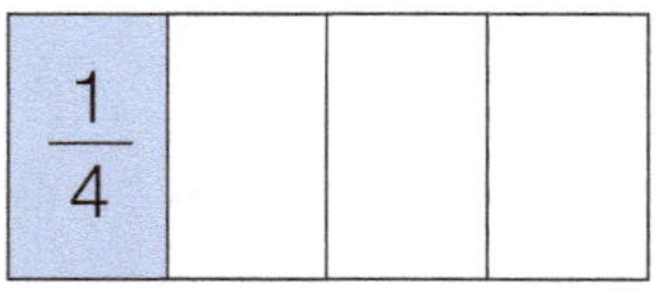

$\frac{1}{4}$ lê-se: um quarto.

- O algarismo que fica acima do traço de fração indica o número de partes consideradas de um inteiro. No caso, apenas uma das partes.
- O algarismo que fica abaixo do traço de fração indica em quantas partes o inteiro está dividido. No caso, o inteiro foi dividido por 4.

ATIVIDADES

1 Calcule para completar.

a) A quarta parte de 16 é ____

b) A quarta parte de 20 é ____

c) A quarta parte de 84 é ____

d) A quarta parte de 420 é ____

e) A quarta parte de 160 é ____

f) A quarta parte de 200 é ____

2 Complete as frases a seguir. Utilize o espaço para fazer os cálculos.

a) Um quarto de 12 cadeiras é igual a ___ cadeiras.

b) Um quarto de 24 limões é igual a ___ limões.

c) Um quarto de 128 bolas é igual a ___ bolas.

d) Um quarto de 452 alunos é igual a ___ alunos.

3 Os círculos abaixo representam alimentos. Observe como eles foram repartidos.

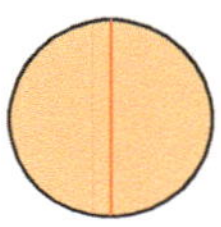	1 bolo para 2 crianças	Grupo A 
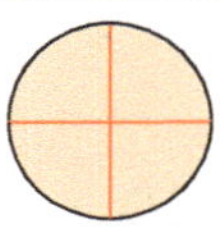	1 torta para 4 crianças	Grupo B 
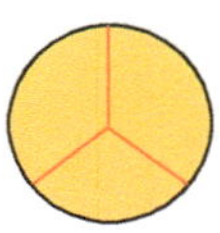	1 pizza para 3 crianças	Grupo C 

ILUSTRAÇÕES: JOSÉ LUÍS JUHAS

a) Que parte cada criança recebeu?

Grupo A: ________ Grupo B: ________ Grupo C: ________

b) Quem recebeu a parte maior? Por quê? ________________

____

c) O que aconteceria se a torta repartida fosse dada às crianças do Grupo A? Que parte cada criança receberia?

____

d) E se a pizza repartida fosse dada às crianças do Grupo B?

____

Um quinto ou quinta parte

Pedro fez uma torta de vegetais para dividir igualmente entre ele e mais 4 amigos.

RICARDO PAONESSA

Para obter **um quinto** ou **quinta parte**, dividimos o inteiro por 5, igualmente.

Um quinto ou quinta parte é cada uma das 5 partes iguais em que se divide o inteiro.

Representamos um quinto ou quinta parte assim: $\frac{1}{5}$.

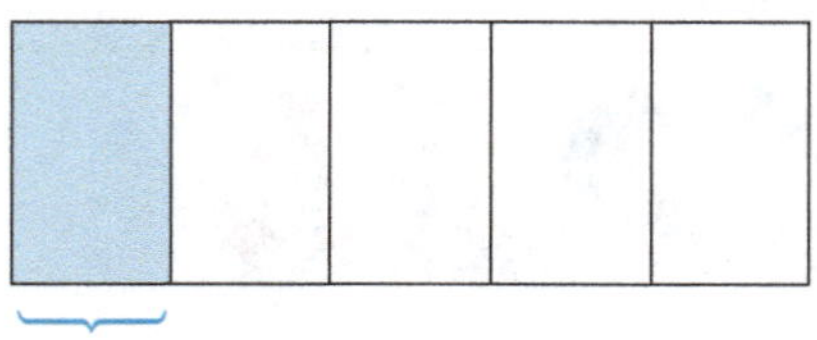

$\frac{1}{5}$

$\frac{1}{5}$ lê-se: um quinto.

- O algarismo que fica acima do traço de fração indica o número de partes consideradas de um inteiro. No caso, apenas uma das partes.
- O algarismo que fica abaixo do traço de fração indica em quantas partes o inteiro está dividido. No caso, o inteiro foi dividido por 5.

ATIVIDADES

1 Calcule e complete.

a) A quinta parte de 5 é ____.

b) A quinta parte de 15 é ____.

c) A quinta parte de 30 é ____.

d) A quinta parte de 50 é ____.

Um décimo ou décima parte

Leonardo fez uma lasanha para um almoço com seus amigos. Ele fez uma grande travessa de modo que 10 pessoas pudessem se servir igualmente.

RICARDO PAONESSA

Para obter **um décimo** ou **décima parte**, dividimos o inteiro por 10, igualmente.

Um décimo é cada uma das 10 partes iguais em que se divide o inteiro.

Representamos um décimo ou décima parte assim: $\frac{1}{10}$.

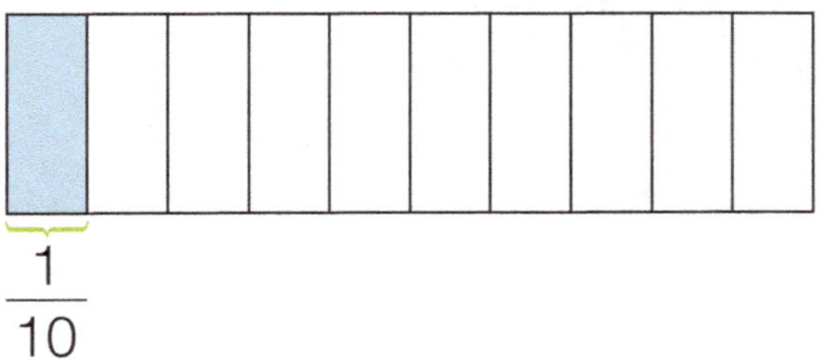

$\frac{1}{10}$ lê-se: um décimo.

- O algarismo que fica acima do traço de fração indica o número de partes consideradas de um inteiro. No caso, apenas uma das partes.
- O algarismo que fica abaixo do traço de fração indica em quantas partes o inteiro está dividido. No caso, o inteiro foi dividido por 10.

ATIVIDADES

1 Calcule e complete.

a) A décima parte de 10 é ____.

b) A décima parte de 30 é ____.

c) A décima parte de 100 é ____.

d) A décima parte de 500 é ____.

2 Em cada caso, pinte o que se pede.

a) a décima parte dos peixes

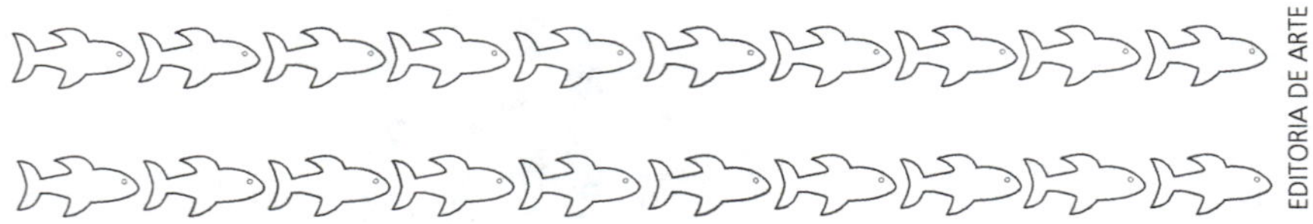

b) a décima parte das maçãs

3 Em cada caso, pinte o que se pede.

a) a quinta parte dos lápis

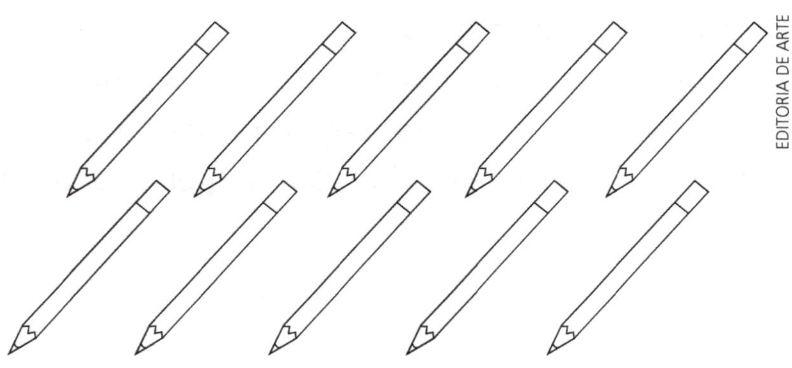

b) A quinta parte do retângulo.

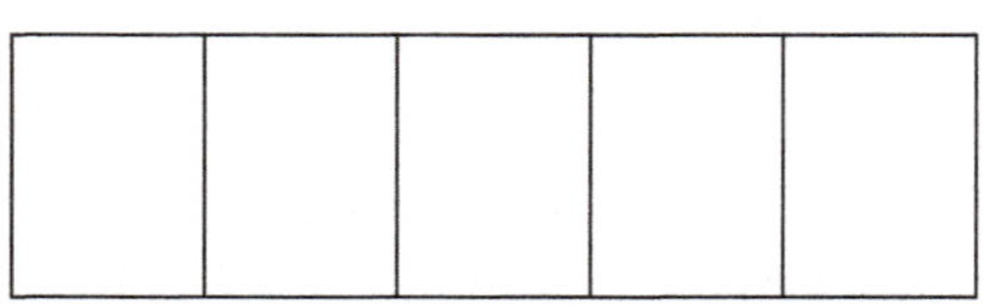

PROBLEMAS

1. Ana tem a terça parte de 66 papéis de carta e Dani tem a quarta parte de 48 papéis de carta. Quantos papéis de carta têm as duas juntas?

Cálculo

Resposta: ______

2. Para enfeitar a árvore de Natal, usamos a terça parte de 180 bolas douradas. Quantas bolas douradas tem a nossa árvore?

Cálculo

Resposta: ______

3. Em uma estante há 288 livros. A metade dos livros é de Matemática. Quantos livros não são de Matemática?

Cálculo

Resposta: ______

4. A décima parte de uma horta foi destruída por uma enxurrada. Na horta havia 30 canteiros. Quantos canteiros foram destruídos pela enxurrada?

Cálculo

Resposta: ______

5 Para enfeitar um salão, já colocamos a quarta parte de 160 balões. Quantos balões ainda faltam colocar?

Cálculo

Resposta: ___

6 Em uma cesta havia 96 laranjas. O feirante vendeu um terço delas. Quantas laranjas ele vendeu?

Cálculo

Resposta: ___

7 De 3 dúzias de ovos, a metade quebrou. Quantos ovos ficaram?

Cálculo

Resposta: ___

8 Uma peça de tecido tem 36 metros. A costureira utilizou um quarto dela. Quantos metros de tecido sobraram?

Cálculo

Resposta: ___

DESAFIO

1 O triplo do dobro de um número é 126. Qual é esse número?

Cálculo

Resposta: ______________________________

2 Cinco dúzias de ovos correspondem ao triplo da quantidade de ovos que uma doceira usou para fazer quindins. Quantos ovos ela usou?

Cálculo

Resposta: ______________________________

Para saber mais

Você percebeu quais operações matemáticas usamos para resolver uma divisão?

subtração

```
  8 |_2_
- 8   4
  0
```

multiplicação

No algoritmo da divisão, usamos noções de multiplicação e de subtração.

INFORMAÇÃO E ESTATÍSTICA

A professora do 3º ano pediu que os alunos escolhessem um tema para apresentarem na Feira de Ciências. Cada aluno votou em um tema. Observe o resultado da votação no gráfico.

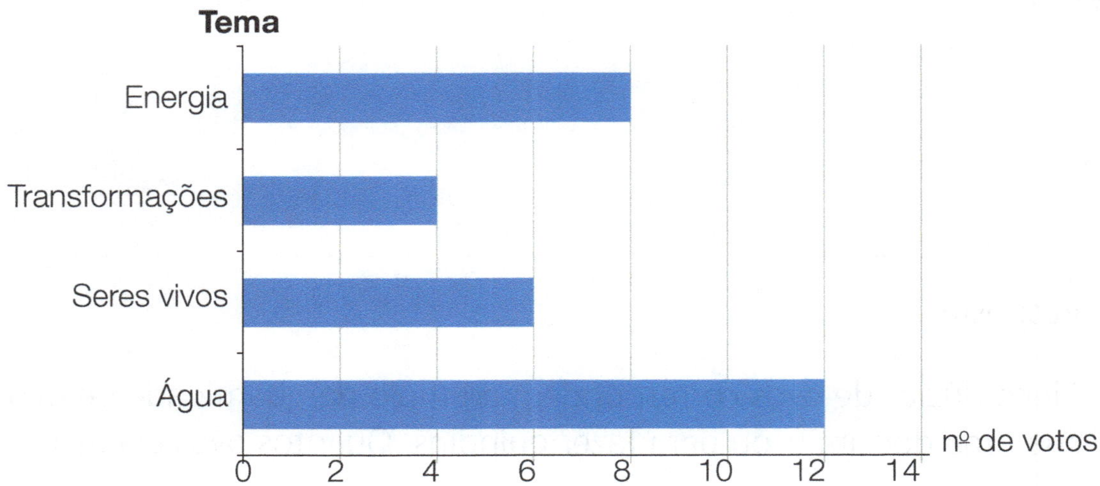

Complete a tabela com as informações do gráfico:

Tema do 3º ano para a Feira de Ciências	
Temas	Votos
Energia	8

Qual será o tema do 3º ano para a Feira de Ciências? ______________

Quantos alunos há nessa sala de 3º ano? ______________

Comparando os votos do tema "Energia" e do tema "Transformações", o que se pode concluir?

____

____

EU GOSTO DE APRENDER +

1 Leia o problema a seguir.

Uma peça de teatro foi divulgada na escola. No dia da exibição, um quinto do auditório ficou vazio. O auditório comportava 150 pessoas. Quantos alunos compareceram a essa peça de teatro?

a) Há dados numéricos nesse problema que não são necessários para a resolução? ______________________________

____

b) Quais são as ideias matemáticas que estão envolvidas no problema?

____

____

c) Agora, resolva o problema.

Resposta: ______________________________

2 Um problema foi iniciado. Complete-o utilizando uma ideia de fração.

Mirela arrecada agasalhos para instituições carentes. Ela já arrecadou 120 agasalhos.

____

____

- Troque o problema que você criou com um colega e resolva o problema elaborado por ele.

LIÇÃO 14

Medidas de tempo

As horas

Muitos instrumentos foram inventados para medir o tempo.

CPG

Relógio de sol.

ABLESTOCK

Ampulheta.

Nos dias atuais, é possível vermos a hora em diversos meios.

DENYS PRYHODOV

Telefone celular.

K. MIRI PHOTOGRAPHY

Radiorrelógio.

PTNPHOTO

Relógio de pulso.

PULSAR IMAGENS

Relógio de rua.

Quanto ao modo de mostrar as horas, os relógios podem ter mostradores de ponteiros ou mostradores com dígitos.

LAURENI FOCHETTO/CLICK PHOTOS

Relógio de ponteiros.

ULHÔA CINTRA

Relógio digital.

O tempo pode ser medido em **horas**, **minutos**, **segundos**.
Veja as relações:

- Um dia tem 24 horas.
- Uma hora tem 60 minutos.
- Meia hora tem 30 minutos.
- Um quarto de hora tem 15 minutos.
- Um minuto tem 60 segundos.

Você sabe ver as horas em um relógio digital?

Este relógio marca 9 horas e 45 minutos.

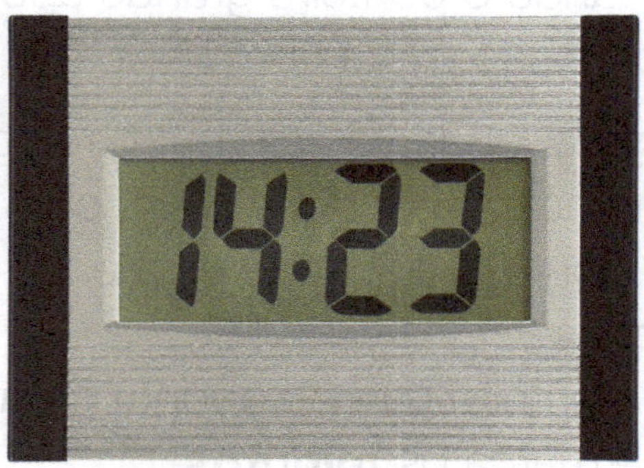

EDSON ANTUNES/N-PUBLIC

São 14 horas e 23 minutos.

Veja como se leem as horas a partir do meio-dia.

A PARTIR DO MEIO-DIA	
1 hora → 13 horas	7 horas → 19 horas
2 horas → 14 horas	8 horas → 20 horas
3 horas → 15 horas	9 horas → 21 horas
4 horas → 16 horas	10 horas → 22 horas
5 horas → 17 horas	11 horas → 23 horas
6 horas → 18 horas	12 horas → 24 horas

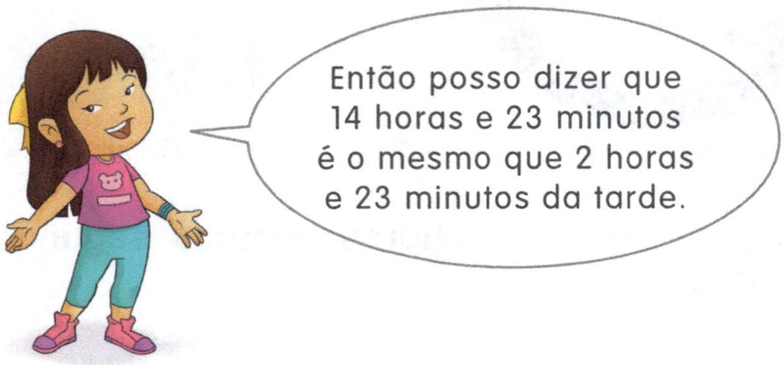

IMAGINÁRIO STÚDIO

E como se leem as horas em um relógio de ponteiros?

Observe o relógio.

Ele indica 4 horas da tarde.

O ponteiro pequeno aponta para o 4.

Ele marca as **horas**.

O ponteiro grande aponta para o 12.

Ele marca os **minutos**.

Quando o ponteiro grande aponta para o número 12, as horas são exatas.

LAURENI FOCHETTO

Agora, observe este outro relógio.

Ele indica 4 horas e meia, ou 4 horas e 30 minutos.

O ponteiro pequeno está entre o 4 e o 5. Ele marca as **horas**.

O ponteiro grande aponta para o 6.

Ele marca os **minutos**.

Quando o ponteiro grande aponta para o número 6, temos meia hora, ou 30 minutos.

Os minutos

Observe os relógios de ponteiros.

3 horas.

3 horas e 5 minutos.

4 horas.

LAURENI FOCHETTO

- Do relógio 1 ao 2, passaram-se 5 minutos. Observe que o ponteiro grande se deslocou do 12 ao 1. Cada espaço entre os risquinhos vale 1 minuto.
- Do relógio 1 ao 3, passaram-se 60 minutos ou 1 hora, pois o ponteiro grande deu uma volta inteira, retornando ao 12. Conte os risquinhos para conferir.

Em **1 hora** temos **60 minutos**.

LEIA MAIS

COMPANHIA EDITORA NACIONAL

Philippe Nessmann. *Tempo.* São Paulo: Companhia Editora Nacional, 2006.

Todo mundo fala do tempo que passa. Mas ninguém pode realmente dizer o que ele é. É possível voltar ao passado? Como ver as horas com o Sol? Por que o ano tem 365 dias? Realize as experiências propostas com a Clementina e o Jonas e esse estranho fenômeno não terá mais segredos para você.

ATIVIDADES

1 Observe os relógios e diga que horas são.

a) 

____

d) 

LAURENI FOCHETTO

____

b) 

____

e) 

____

c) 

____

f) 

____

2 Represente em um relógio de ponteiros os horários em que você:

acorda

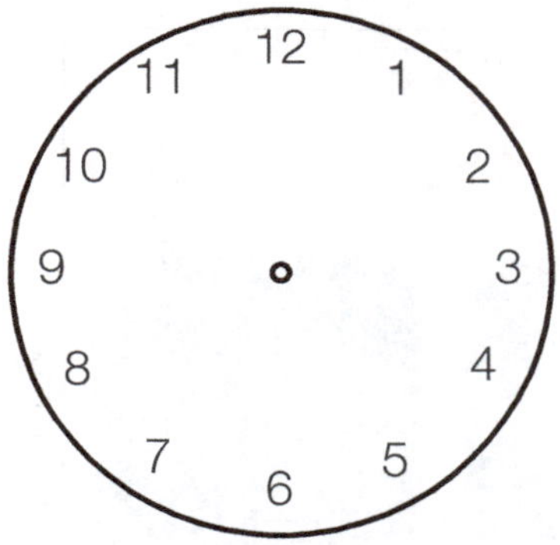

vai à escola

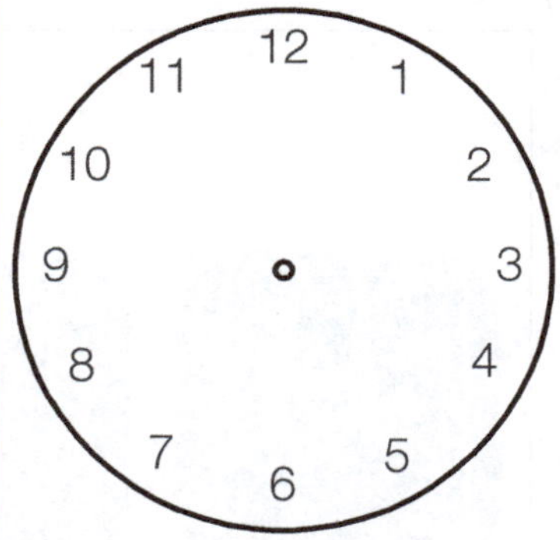

almoça

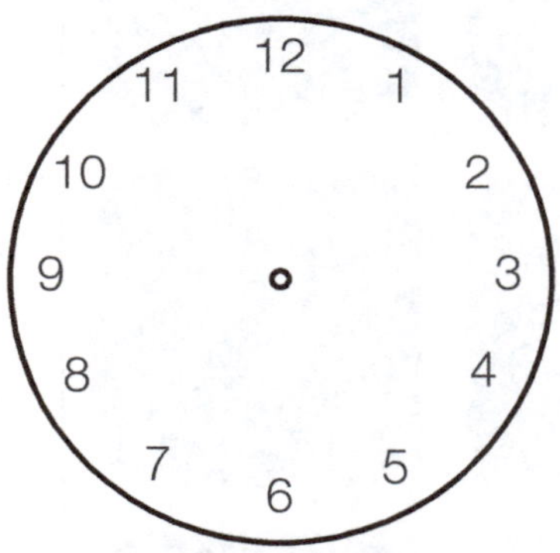

janta

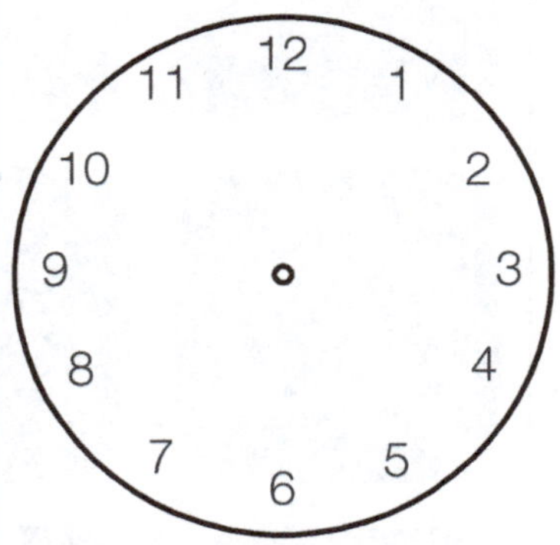

brinca com os amigos

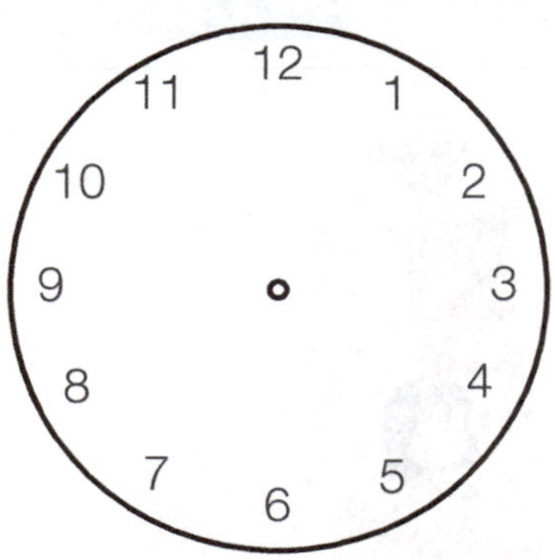

vê desenho animado

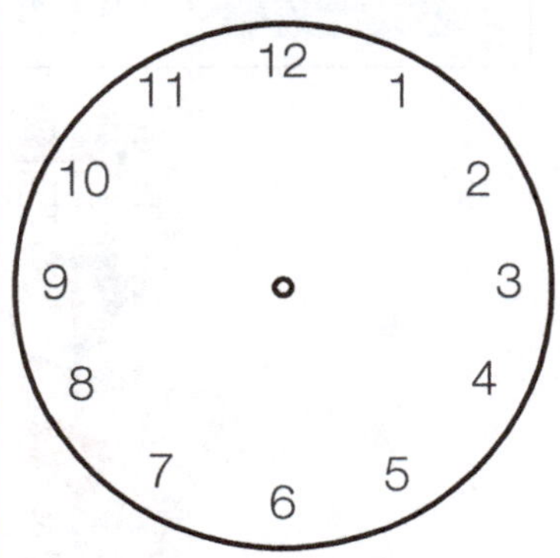

O calendário

No calendário são representados os dias, as semanas e os meses de determinado ano. Usamos o dia, a semana, o mês e o ano para contar o tempo.

RAMZIYA KHUSNULLINA/SHUTTERSTOCK

JOSÉ LUIS JUHAS

Observando o calendário, podemos fazer algumas descobertas.

- O **ano** tem **12 meses**: janeiro, fevereiro, março, abril, maio, junho, julho, agosto, setembro, outubro, novembro e dezembro.
- A **semana** tem **7** dias: domingo, segunda-feira, terça-feira, quarta-feira, quinta-feira, sexta-feira e sábado. Lembre-se: o primeiro dia da semana é o domingo.
- Há meses que têm 30 dias, outros têm 31.
- Fevereiro tem 28 dias e, de **4** em **4** anos, tem 29 dias. O ano em que fevereiro tem 29 dias é chamado de **ano bissexto**.
- Um ano bissexto tem 366 dias.
- Os 6 primeiros meses do ano formam o **1º semestre**.
- Os 6 últimos meses do ano formam o **2º semestre**.

E mais!
- Uma quinzena tem 15 dias.
- Um bimestre tem 2 meses.
- Um trimestre tem 3 meses.
- Um semestre tem 6 meses.

ATIVIDADES

1 Complete os quadros.

QUANTOS MESES HÁ EM	
1 ano e meio	
2 anos	
4 anos	

QUANTAS SEMANAS HÁ EM	
14 dias	
21 dias	
42 dias	

2 No calendário a seguir está representado o mês de junho de 2019. Observe em qual dia da semana cada criança faz aniversário.

Domingo	Segunda	Terça	Quarta	Quinta	Sexta	Sábado
						1
2	3	4	Pedro 	6	7	Ivan 
9	10	11	12	13	Camila 	15
Bete 	17	18	19	20	21	22
23	24	Ana 	26	27	28	29
30						

Agora, faça o que se pede.

a) Em que dia do mês Camila faz aniversário? __________

b) Em que dia da semana Ivan faz aniversário? __________

c) Escreva o dia da semana em que Ana faz aniversário. __________

d) Qual é o nome da criança que aniversaria antes do dia 6? __________

e) Quem faz aniversário no dia 16? __________

f) Pesquise entre os colegas da sua turma quem faz aniversário em junho e escreva. __________

g) Qual é o dia da semana de que você mais gosta? Por quê?

____

PROBLEMAS

1 Trabalhei os meses de abril, maio e junho na reforma de uma casa. Quantos dias durou essa reforma?

Resposta: ______________________________

2 Fábio chegou ao consultório médico às 15 horas e 45 minutos. Chegou com 45 minutos de atraso. A que horas Fábio deveria ter chegado ao consultório médico para que não se atrasasse?

Resposta: ______________________________

3 Quantas quinzenas tem um bimestre?

Resposta: ______________________________

4 Márcio fez uma viagem que durou 4 horas. Ele saiu às 2 horas da tarde. A que horas chegou?

Resposta: ______________________________

PARA SE DIVERTIR

Para responder direitinho quais meses do ano têm 31 dias, siga esta sugestão:

- Feche as mãos: observe os ossinhos que aparecem e o espaço entre eles.
- Comece apontando o osso do dedo mindinho de qualquer uma das mãos: dê-lhe o nome do mês de janeiro. O espaço seguinte é fevereiro; o ossinho que vem a seguir é março e assim por diante. Veja a figura.
- Quando houver ossinho, o mês tem 31 dias; o mês que cai no espaço entre os ossos tem 30 dias.

Atenção! O mês de fevereiro cai no espaço entre os ossinhos, mas não tem 30 dias! Tem 28 ou 29 dias.

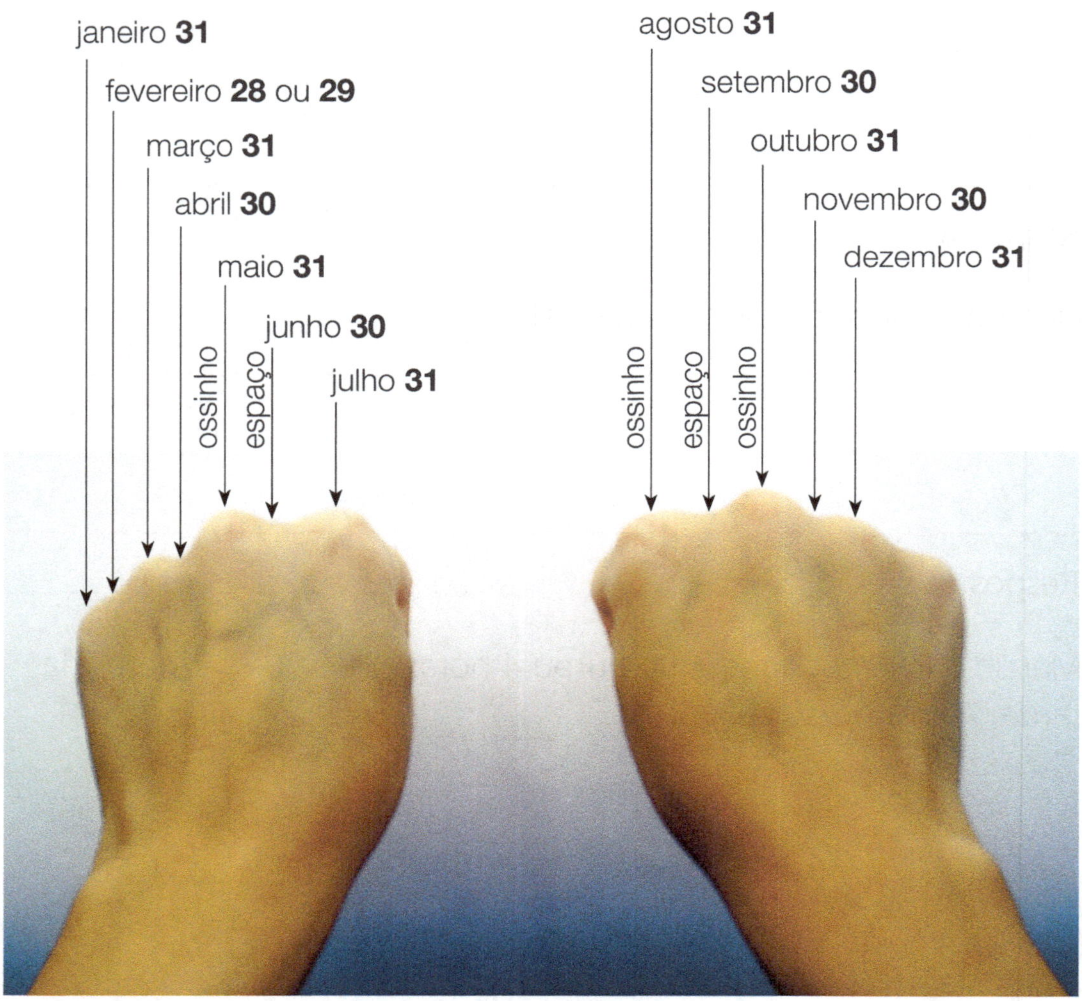

ACERVO DA EDITORA

LIÇÃO 15

Medidas de comprimento

Comprimento

Observe alguns instrumentos utilizados para medir comprimento.

Fita métrica.

JOEY IVANSCO/ NYT

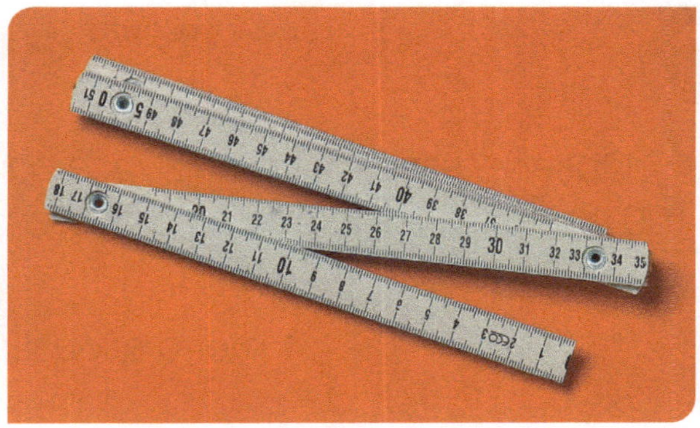

Metro articulado.

LAURENI FOCHETTO

Trena.

LAURENI FOCHETTO

Escalímetro para desenho técnico.

RONNIE KAUFMAN/ CORBIS/ STOCK PHOTOS

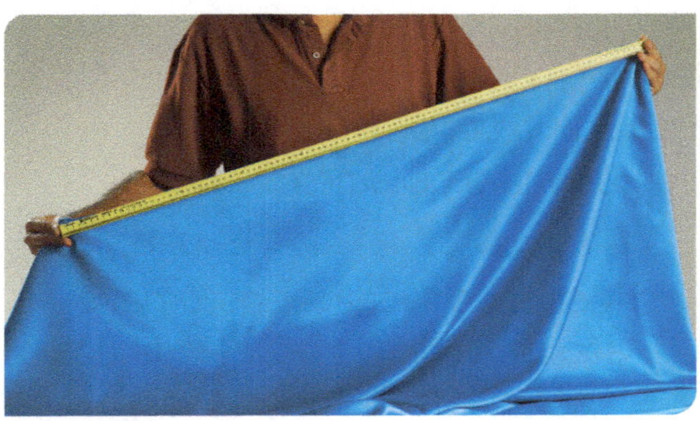

Metro rígido.

IARA VENANZI/KINO.COM.BR

Metro e centímetro

O **metro** é a unidade fundamental de medida de comprimento.

Dele derivam outras unidades de medida: o **centímetro**, o **milímetro**, o **quilômetro** etc.

No Almanaque você vai encontrar uma régua para montar. É uma régua que, montada, medirá 100 centímetros, ou seja, 1 metro.

Capriche na montagem da sua régua.

Observe esse metro que você construiu. Ele está dividido em 100 partes iguais. Cada uma dessas partes é chamada centímetro.

1 metro é igual a 100 centímetros
1 m = 100 cm

O símbolo que representa o metro é **m**.

O símbolo que representa o centímetro é **cm**.

Um exemplo de instrumento com a unidade centímetro é a régua escolar.

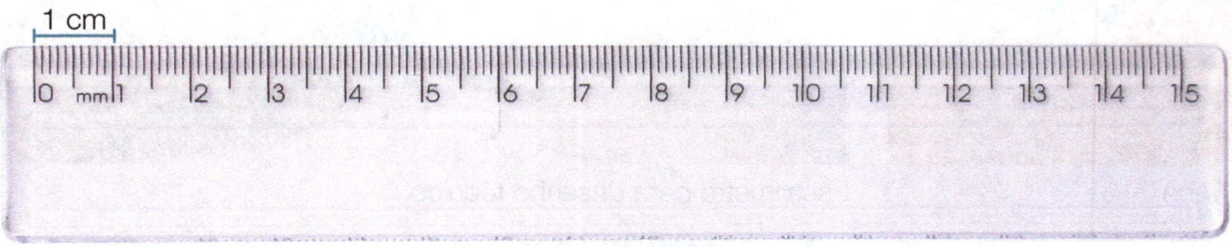

Para medir distâncias maiores, como a de uma cidade a outra, usamos uma unidade chamada quilômetro.

O símbolo que representa o quilômetro é **km**.

Metro, centímetro e quilômetro são as unidades de medida de comprimento mais usadas.

DESAFIO

1 Utilizando sua régua escolar ou o metro que você montou, descubra as medidas solicitadas. Lembre-se de que a resposta pode ser dada em centímetro ou metro, dependendo do que você achar mais apropriado para a ocasião.

a) Comprimento do seu lápis: ______

b) Altura de sua carteira da sala de aula: ______

c) Sua altura: ______

d) Comprimento de sua mão: ______

e) Comprimento de seu braço: ______

f) Largura do quadro de giz: ______

g) Comprimento da mesa da professora: ______

2 Observe e responda:

NOTIONPIC/SHUTTERSTOCK

- Quem é o mais alto: Leonardo ou João? ______
- Quem é a criança mais baixa: Hugo ou Gabriela? ______
- Gabriela é mais baixa do que Leonardo ou do que Maria? ______
- Entre Maria, Hugo e João, quem é mais alto? ______
- Quem é mais alto: Hugo ou João? ______

3 Pesquise e faça uma lista de objetos que compramos por metro.

____

____

____

____

____

4 Sabendo que 1 metro é igual a 100 centímetros, escreva quanto falta para completar 1 metro.

a) 20 cm + [   ] → 1 metro

b) 38 cm + [   ] → 1 metro

c) 60 cm + [   ] → 1 metro

d) 80 cm + [   ] → 1 metro

e) 42 cm + [   ] → 1 metro

f) 50 cm + [   ] → 1 metro

5 Quanto mede cada um dos lápis? Observe o gráfico e complete.

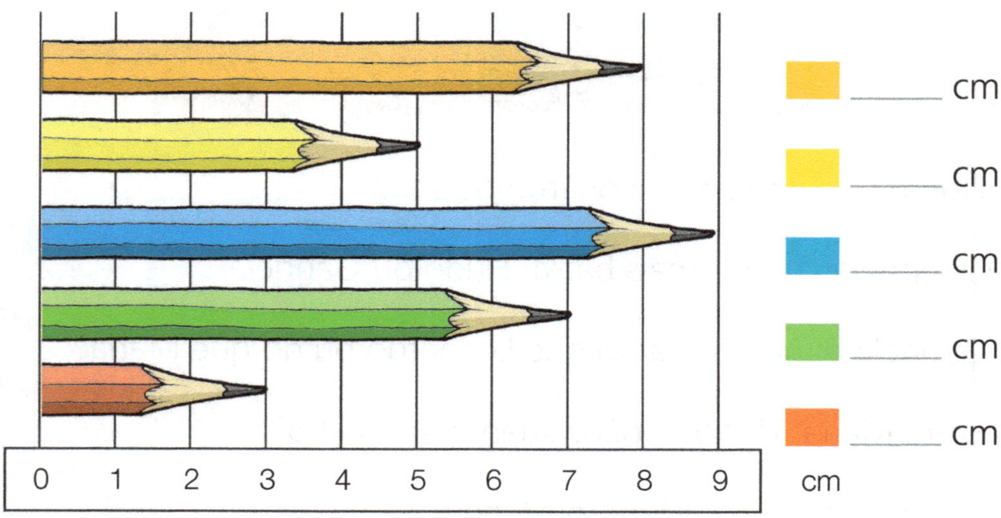

6 Agora, os lápis estão ordenados do maior para o menor. Escreva quanto mede cada um e pinte com a cor correspondente.

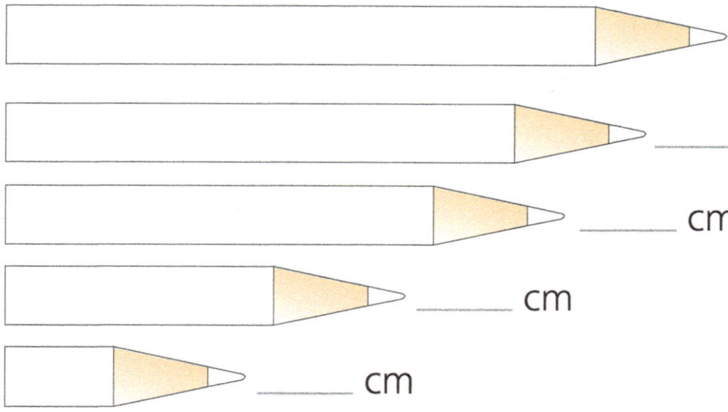

_____ cm

_____ cm

_____ cm

_____ cm

_____ cm

7 A figura nos mostra a altura de três crianças, em centímetros.

a) A criança mais alta é _______________.

b) A diferença entre as alturas de Clara e João é de _____ centímetros.

c) Renato é _____ centímetros mais alto que João.

d) Clara é _____ centímetros mais baixa que Renato.

1 metro = 100 centímetros.

8 Confira no quadro a altura destas pessoas. As medidas estão em metros e em centímetros.

LUÍS	MARISA	ANDRÉ	CARLA
180 cm 1 m 80 cm	170 cm 1 m 70 cm	150 cm 1 m 50 cm	190 cm 1 m 90 cm

Luís Marisa André Carla

Observando o quadro, faça o que se pede:

a) Quem tem altura entre 1 m 70 cm e 1 m 90 cm? ______

b) Escreva a altura em centímetros da pessoa mais alta. ______

c) Eu tenho acima de 150 cm e menos que 1 m 80 cm de altura. Quem sou eu? ______

d) Quantos centímetros de altura Marisa tem a menos que Carla? ______

e) Quantos centímetros faltam para André atingir a mesma altura de Luís? ______

DESAFIO

1. Observe esta imagem. O pai mede 1 m e 80 cm. Qual você acha que deve ser a altura do filho? Faça uma estimativa.

ANNA BORTNIKOVA/SHUTTERSTOCK

2. Carlos segura um bastão de 2 metros de comprimento, como mostra a figura abaixo.

RICARDO PAONESSA

A altura aproximada de Carlos é:

(a) menor que 80 centímetros.

(b) entre 51 e 130 centímetros.

(c) entre 131 e 180 centímetros.

(d) maior que 180 centímetros.

EU GOSTO DE APRENDER+

1 Leia o problema.

Os 4 amigos estavam na praia. A foto despertou neles o interesse de compararem suas alturas. Caio e Daniel têm a mesma altura. Alícia tem 10 cm a menos que Daniel, e Bela tem 5 cm a menos que Alícia, que, por sua vez, tem 1 m e 70 cm. Qual é a altura dos meninos?

SABELSKAYA/SHUTTERSTOCK

a) Há dados numéricos nesse problema que não são necessários para a resolução? ______________________

b) Quais ideias estão envolvidas nesse problema? Faça um **x**.

(   ) comparação   (   ) medidas de comprimento   (   ) padrão geométrico

c) Que operações você utilizaria para resolver esse problema?

____

d) Agora resolva o problema.

Resposta: ______________________

2 Complete o problema abaixo utilizando noções sobre comprimentos.

Marta e Laís são irmãs. A altura de Marta é ______________________

____

- Troque seu problema com um colega e resolva o problema elaborado por ele.

LIÇÃO 16

Simetria

Vistas

Laura olhou de cima para baixo uma caixa com formato de cubo.

Ela fez um desenho do que observou. Veja. 

Quando observamos um objeto olhando de cima para baixo, chamamos essa visão que temos do objeto de **vista superior**.

ATIVIDADES

1 Agora é com você! Ligue cada sólido à sua respectiva vista superior.

2 Fernando juntou cubos e paralelepípedos e montou esta figura.

Qual das duas imagens representa a vista superior da figura que Fernando montou?

a)

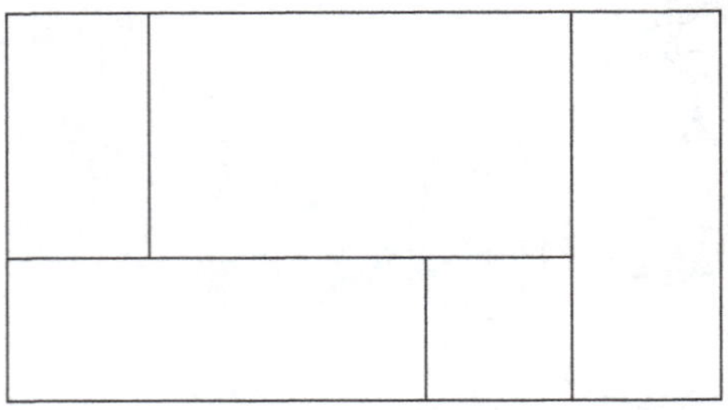

b)

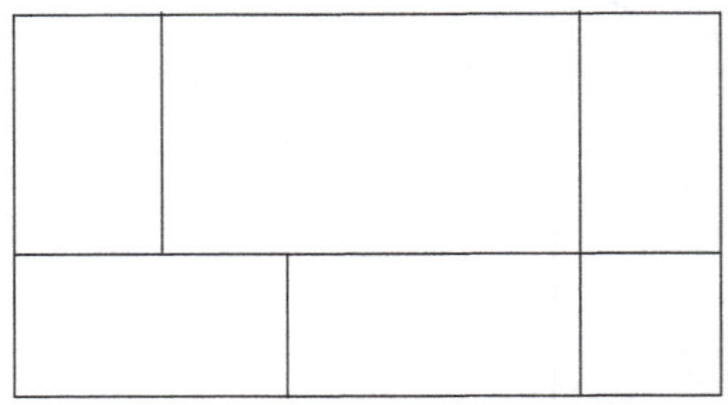

Agora, pinte com as cores corretas!

3 Observe o desenho destas pilhas de cubos.
Escreva quantos cubos há em cada pilha.

a)

____

c)

____

b)

____

d)

____

4 Larissa está observando sua casa.

OSVALDO SEQUETIN

Qual dos desenhos a seguir representa a visão que Larissa está tendo dessa casa? Marque com um **x**.

a)

______

b)

______

c)

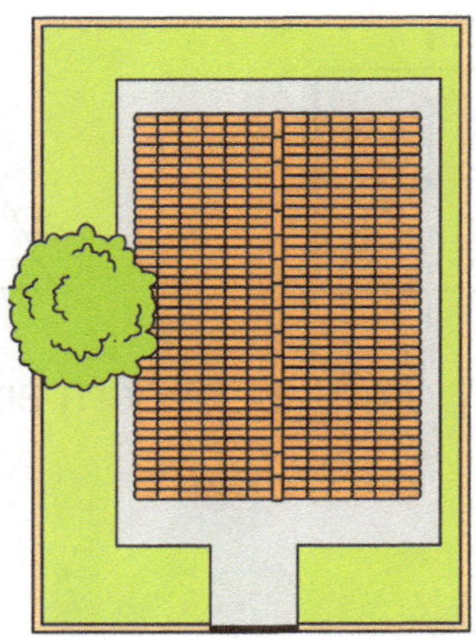

______

Simetria

Para esta atividade você vai precisar de papel, lápis e tesoura.

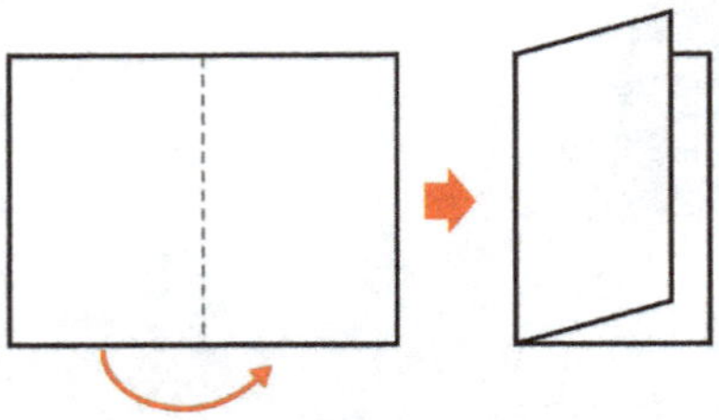

Pegue a folha e dobre-a ao meio.

Faça um desenho.

Recorte sobre a linha.

Agora, abra a figura e pinte-a como quiser!

OSVALDO SEQUETIN

Observe que a figura  possui uma dobra no meio. Essa dobra divide a figura em duas partes com a mesma forma. Essa dobra é um **eixo de simetria**.

Algumas letras do nosso alfabeto também podem ser divididas em duas partes idênticas.

O eixo de simetria divide a figura em duas partes idênticas.

Há figuras que têm mais de um eixo de simetria.

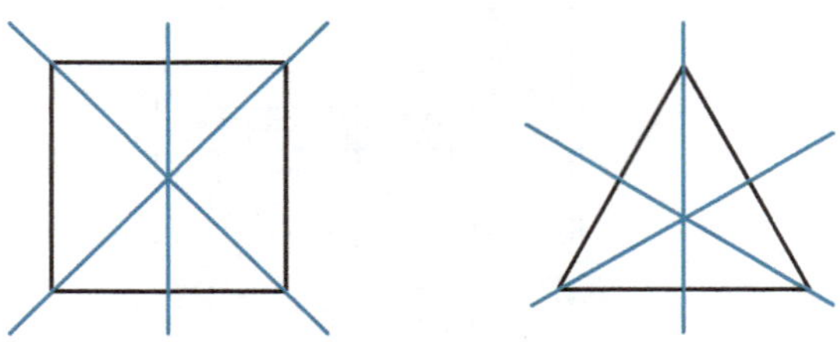

Nem todas as figuras, porém, possuem eixo de simetria.

ATIVIDADES

1 Trace os eixos de simetria de cada figura. Escreva ao lado quantos eixos você traçou. Observe o exemplo.

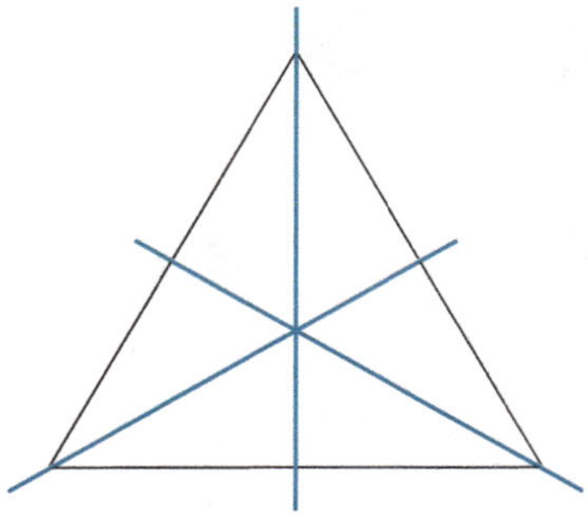

Eixos de simetria: 3

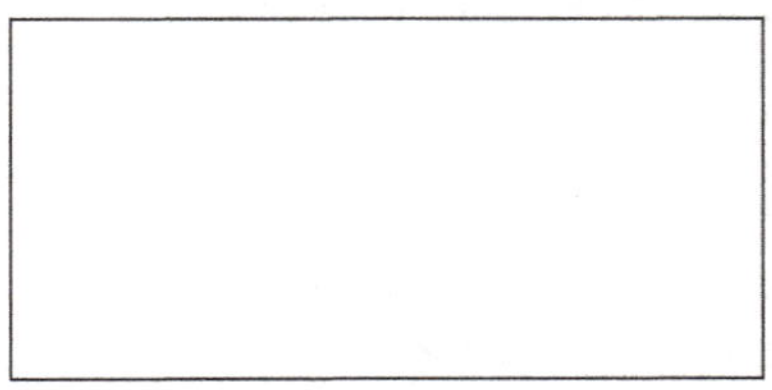

Eixos de simetria:

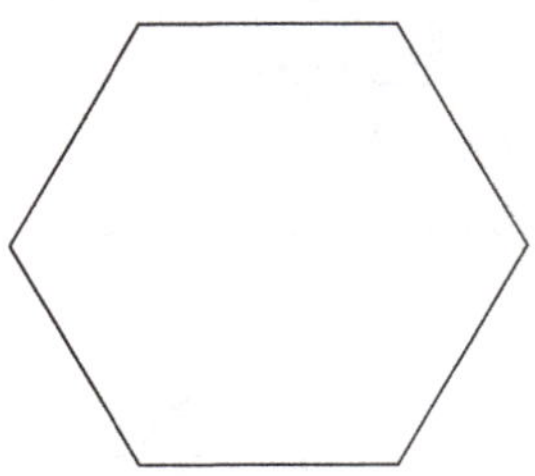

Eixos de simetria:

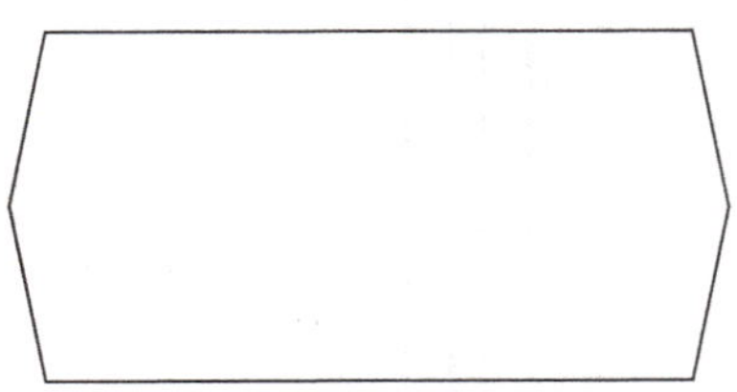

Eixos de simetria:

2 Quais das letras apresentam eixos de simetria? Trace os eixos.

B F H I L

P T U Z

3 Faça o mesmo com as figuras a seguir. Observe com atenção para verificar se todas têm eixo de simetria.

OSVALDO SEQUETIN

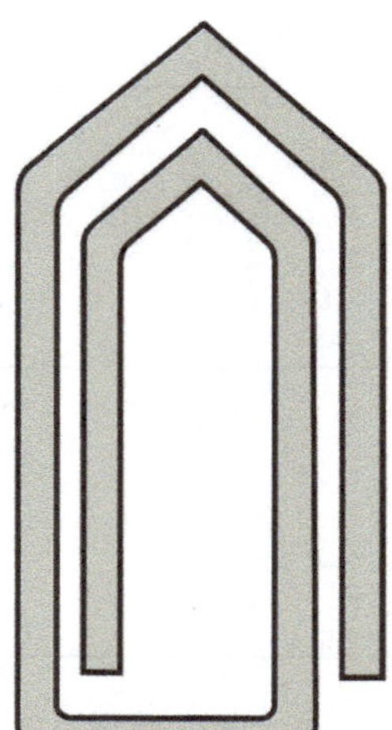

4 Sabendo que a linha vermelha é o eixo de simetria, complete cada figura.

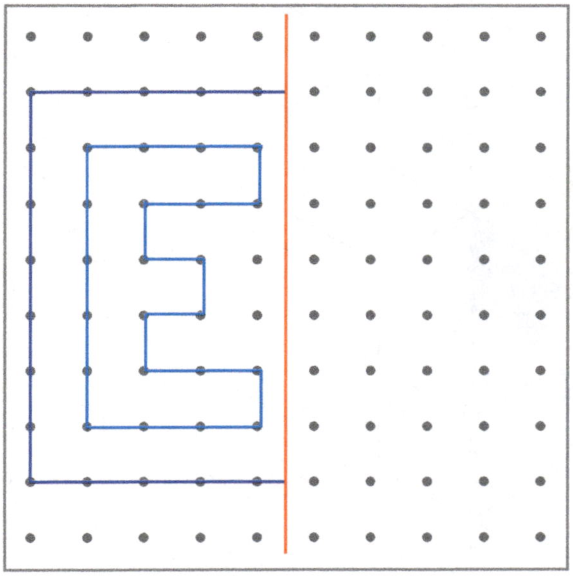

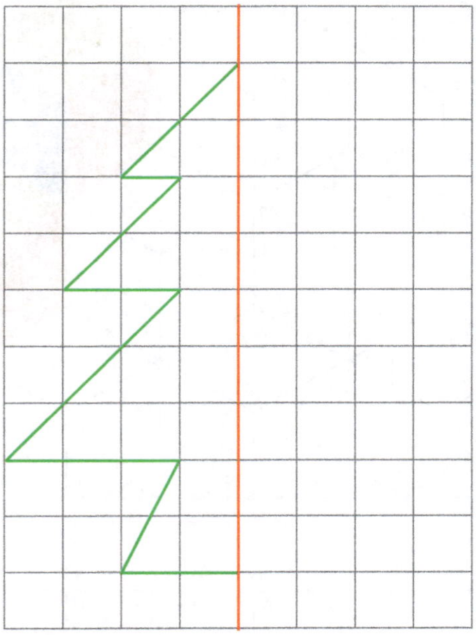

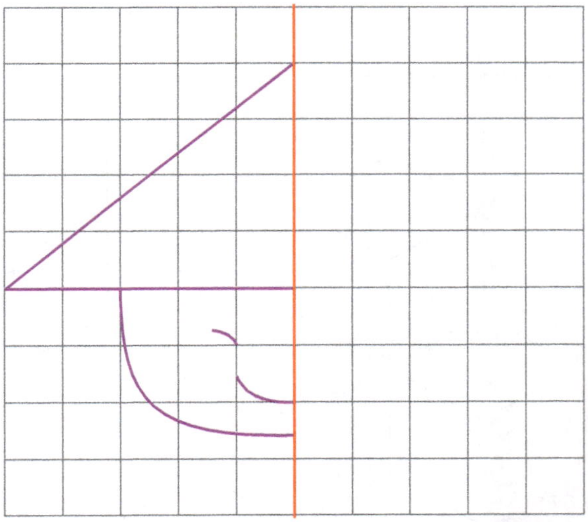

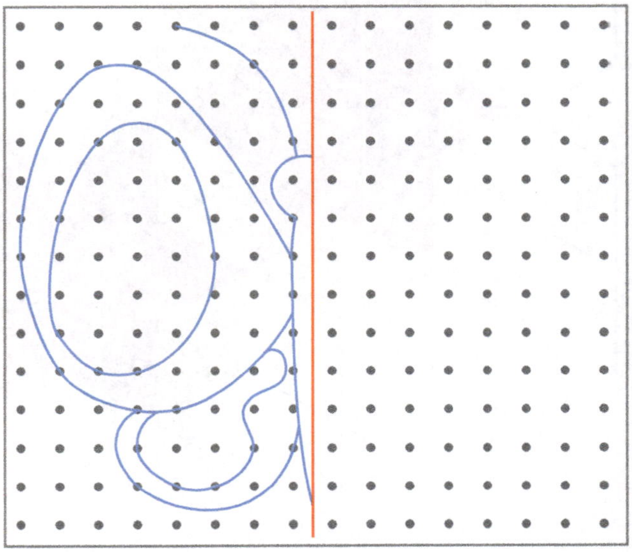

5 Descubra o segredo e continue pintando os mosaicos.

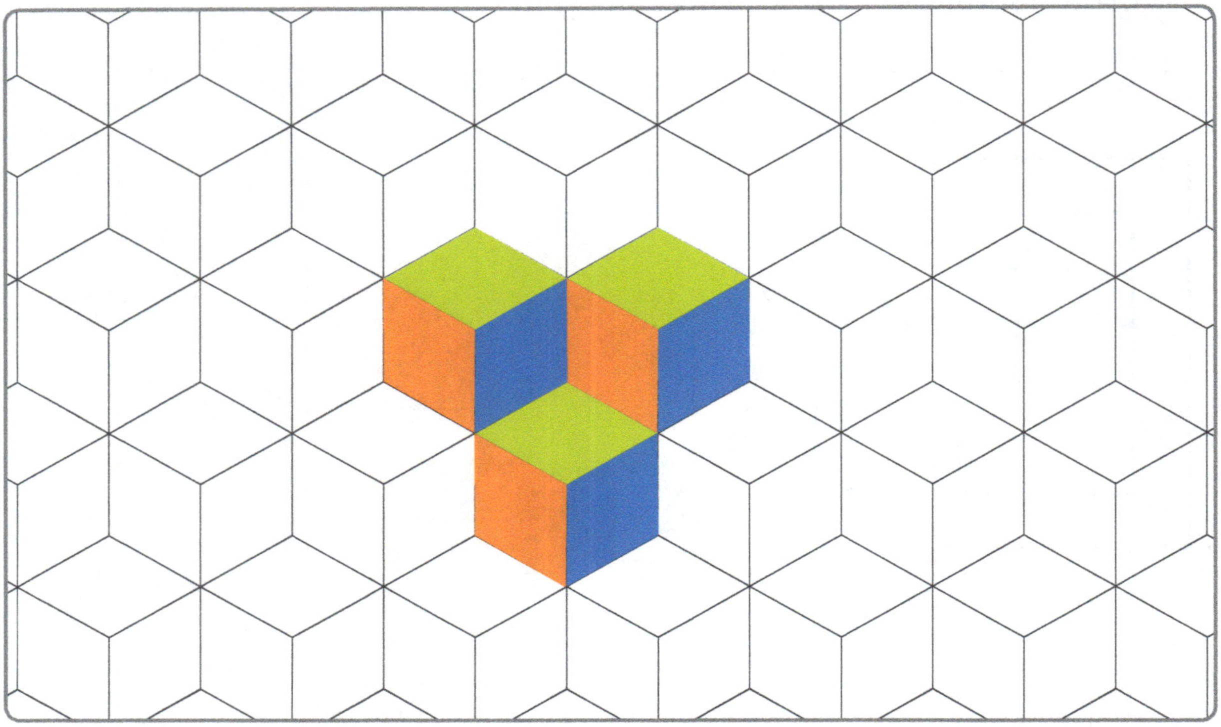

6 Nesta malha triangular, crie várias figuras que tenham eixo de simetria. Desenhe o eixo **e** e apenas a metade da figura. Troque com seu colega e peça para ele completar sua figura. Depois, confira.

7 Aqui temos mais uma malha para você desenhar outras figuras simétricas.

LIÇÃO 17

Noções de acaso

Chances: maiores ou menores

A professora Fernanda mostrou para a turma do 3º ano estes palitos:

STOCK SMART START/ SHUTTERSTOCK

EDITORIA DE ARTE

Ela disse que iria colocar todos dentro de um saco, misturar e depois retirar lá de dentro, sem olhar, apenas um palito.

Qual cor de palito as crianças achavam que sairia de lá?

SUDOWOODO/ SHUTTERSTOCK

- Quem você acha que tem mais chance de acertar o palpite?

Depois disso, a professora fez outros sorteios, sempre colocando de volta o palito no saco e embaralhando todos antes do próximo sorteio. Sendo assim, leia as frases das duas colunas e ligue formando pares.

O palito sorteado será azul. •	• Acontecerá isso com certeza.
O palito sorteado será vermelho. •	• É muito provável que isso aconteça.
O palito sorteado será branco. •	• É pouco provável que isso aconteça.
A cada novo sorteio um vermelho alterna com um azul. •	• É improvável que isso aconteça.
O palito sorteado ou é vermelho ou é azul. •	• É impossível isso acontecer.

ATIVIDADES

1 Veja uma das coleções que Sabrina tem.

LOVE THE WIND/SHUTTERSTOCK

a) Quantos carrinhos tem na coleção de Sabrina?

☐ 20 ☐ 15 ☐ 10

b) Complete o quadro com a quantidade de carrinhos por cores.

c) Marque com um **X** a cor que tem mais chances de sair em cada caso, se Sabrina for sortear um carrinho ao acaso:

- Sabrina terá mais chances de sortear um carrinho amarelo ou roxo?

☐ amarelo ☐ roxo

- Sabrina terá mais chances de sortear um carrinho vermelho ou azul?

☐ vermelho ☐ azul

d) De todas as cores de carrinhos que Sabrina tem, qual a que tem mais chances de ser sorteada? Por quê? ______________________

2 Observe as fichas numeradas a seguir.

352	937	445	620
1 340	3 455	9 723	7 232
8 808	3 345	2 244	5 732

a) Escreva os números das fichas numeradas em ordem crescente.

____

b) O que tem mais:

- Números de 3 ou de 4 algarismos? ____________________
- Números pares ou ímpares? ____________________
- Números maiores do que 1 000 ou números menores do que 1 000?

____

c) André vai sortear uma ficha numerada, ao acaso. Agora, faça um **X** na alternativa correta:

- Tem mais chances de sortear um número:

☐ com 3 algarismos ☐ com 4 algarismos

- Tem mais chances de sortear um número:

☐ par ☐ ímpar

- Tem mais chances de sortear um número:

☐ maior que 1 000 ☐ menor que 1 000

Medidas de capacidade

Capacidade

Observe esta foto da caixa de suco.

- O que representa o número circulado na foto?

Para medir a quantidade de líquido que cabe em um recipiente, usamos a unidade padrão de medida de capacidade: o **litro**.

O símbolo do litro é **L**.

ACERVO DA EDITORA

Observe a imagem.

DANAKO

- 1 **litro** é o mesmo que dois **meios litros**.
- Meio litro é o mesmo que dois quartos de litro.
- 1 litro é o mesmo que quatro quartos de litro.

ATIVIDADES

1 Complete.

a) Uma das unidades de medida de capacidade é o ________________.

b) 1 litro tem _____ meios litros.

c) 4 quartos de litro formam _____ litro.

d) Cite 3 coisas que podemos comprar por litro.

____

____

____

2 Desenhe mais garrafas para completar 10 litros.

MW ED. ILUSTRAÇÕES

3 Pinte as jarras na capacidade indicada.

meio litro

1 litro

OSVALDO SEQUETIN

4 Escreva quantos meios litros são necessários para obter:

a) 1 litro → ______ meios litros.

b) 2 litros → ______ meios litros.

c) 3 litros → ______ meios litros.

d) 4 litros → ______ meios litros.

e) 5 litros → ______ meios litros.

5 Observe as ilustrações e a informação.

OSVALDO SEQUETIN

1 litro de água enche 5 copos.

Durante um fim de semana:

Paula bebe 5 litros

Carla bebe 3 litros

Rodrigo bebe 2 litros

Felipe bebe 6 litros

Andréa bebe 4 litros

Complete a tabela com a quantidade de água que cada criança consome por semana.

Nome	Quantidade de litros	Quantidade de copos
Paula	5 L	$5 \times 5 = 25$
Rodrigo	2 L	
Carla		$3 \times 5 = 15$
Felipe	6 L	
Andréa		______ = 20

PROBLEMAS

1 Em um barril, havia 35 litros de vinagre que José usou para encher garrafões de 5 litros cada um. Quantos garrafões José encheu?

Cálculo

Resposta: ______________________________

2 Uma cozinheira gasta 4 litros de óleo por mês. Quanto gastará em 6 meses?

Cálculo

Resposta: ______________________________

3 Um litro de suco enche 4 copos de mesmo tamanho. Com 8 litros de suco, quantos copos iguais a esses encherei?

Cálculo

Resposta: ____________________

4 Num tanque de gasolina havia 350 litros de combustível. Já foram vendidos 135 litros. Quantos litros de gasolina ainda restam no tanque?

Cálculo

Resposta: ____________________

5 Marlene comprou 6 garrafas de suco. Cada uma contém 1 litro e meio de suco. Quantos litros de suco foram comprados?

Cálculo

Resposta: ____________________

EU GOSTO DE APRENDER+

Leia o texto abaixo. Com ele você vai responder algumas perguntas e elaborar um problema.

Água

HALLGERD/SHUTTERSTOCK

A água é um recurso natural essencial à vida. Mas, ao longo dos anos, as pessoas têm usado a água sem a consciência de que um dia ela pode acabar, devido a mudanças climáticas, poluição ou outras ações provocadas pelas atividades humanas.

Nas atividades diárias utilizamos a água para diversas finalidades. Em um banho de chuveiro de 15 minutos consumimos aproximadamente 135 litros de água; já o consumo em um banho de 5 minutos diminui para 45 litros de água.

1 Quais as atitudes que você considera importantes para evitar o desperdício de água?

____

2 Durante um dia 4 pessoas tomam um banho de ducha de 15 minutos. Quantos litros de água foram consumidos nesse dia? (Utilize as informações do texto.)

____

3 E se essas mesmas 4 pessoas tomassem um banho de ducha de 5 minutos no dia, quantos litros seriam consumidos?

____

4 Elabore um problema utilizando algum dado numérico apresentado no texto acima. Utilize a operação que você achar melhor para o seu problema. Troque seu problema com um colega para um resolver o problema do outro.

____

LIÇÃO 19

Medidas de massa

Massa

Usamos a balança para medir a massa de pessoas, de alimentos e de outros objetos.

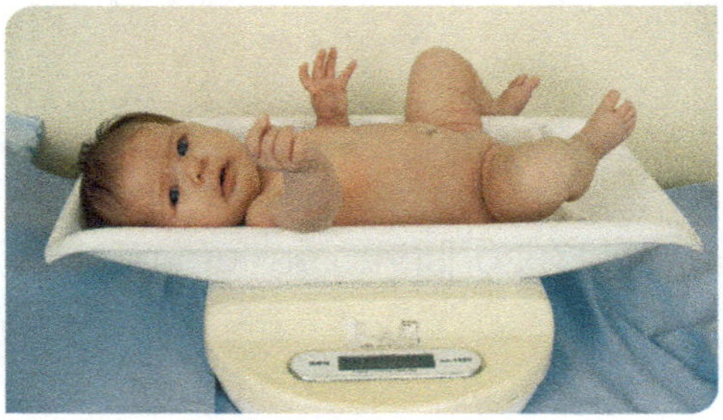

JENNIE WOODCOCK; REFLECTIONS PHOTOLIBRARY/ CORBIS/ STOCK PHOTOS

Balança usada em postos de saúde e consultórios médicos para pesar bebês.

ACERVO DA EDITORA

Balança com escala graduada em quilograma (kg), usada em açougues, quitandas, feiras etc.

THAIS FALCÃO/ OLHAR IMAGEM

Balança de pratos usada para pesar carne, cereais, entre outros.

Quilograma e grama

A unidade fundamental de **medida de massa** é o **quilograma**.

O símbolo do quilograma é **kg**.

Outra unidade de medida de massa muito usada é o **grama** (g).

1 quilograma é igual a 1000 gramas

1 kg = 1000 g

É comum usarmos a palavra "peso" em vez de massa, e a palavra "quilos" em vez de quilogramas.

Observe algumas das maneiras de dividir 1 quilograma.

1 quilograma é o mesmo que 1 000 gramas.

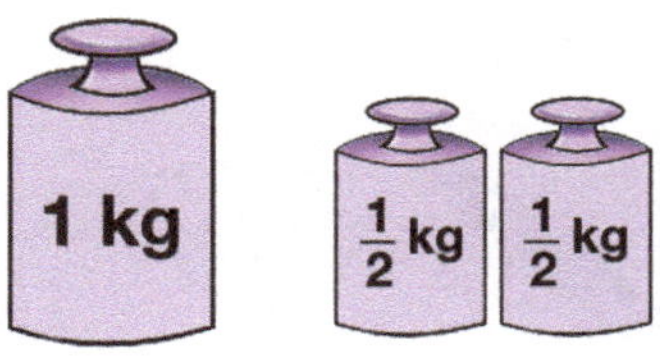

1 quilograma tem **2 meios** quilograma com 500 gramas cada.
Meio quilograma é o mesmo que 500 gramas.

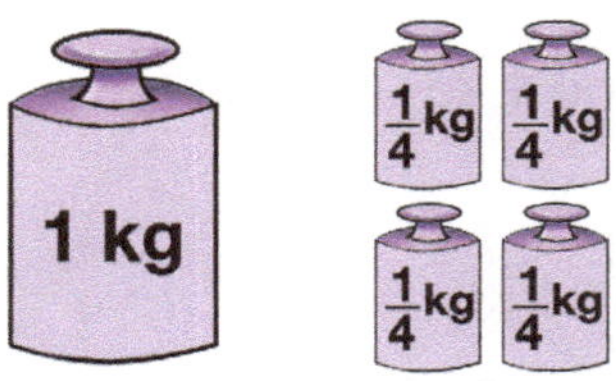

1 quilograma tem **4 quartos** de quilograma com 250 gramas cada.
1 quarto de quilograma é o mesmo que 250 gramas.

O nome popular para quilograma é **quilo**.

ATIVIDADES

1 Complete.

a) O instrumento utilizado para medir massa chama-se ______________.

b) Um quilograma contém ______________________ meios quilograma.

c) Meio quilograma corresponde a ________________________ gramas.

d) Dois meios de 1 quilograma correspondem a _________ quilograma.

e) Dois pacotes de 250 gramas correspondem a ________ quilograma.

f) Quatro pacotes de 250 gramas correspondem a ______ quilograma.

2 Escreva o nome de dois produtos que compramos por quilograma.

____

3 Quanto pesa? Contorne a indicação certa.

FOTOS: SHUTTERSTOCK

mais de 1 kg

menos de 1 kg

mais de 1 kg

menos de 1 kg

mais de 1 kg

menos de 1 kg

mais de 1 kg

menos de 1 kg

4 Observe as imagens e responda: Quanto deve marcar a última balança?

JOTAH

5 Observe as imagens.
Descubra quanto pesa o cachorro.

ILUSTRAÇÕES: JOSÉ LUÍS JUHAS

DESAFIO

1 Observe esta imagem. A moça está pesando um repolho.

IAKOV FILIMONOV/SHUTTERSTOCK

Quanto pesa, aproximadamente, esse repolho?

a) menos que 1 kg.

b) entre 1kg e 2 kg.

c) entre 2 kg e 5 kg.

d) mais do que 5 kg.

2 O livro fino pesa meio quilo. Quanto você acha que pesa o livro grosso?

EBTIKAR/SHUTTERSTOCK

Resposta: O livro mais grosso pesa ______________________________

PROBLEMAS

1 Ana foi ao mercado comprar alguns ingredientes que faltavam para o seu lanche. Veja o que ela comprou e quanto gastou.

100 g de presunto	2 reais
200 g de queijo prato	3 reais
400 g de rosbife	16 reais

a) Calcule o total de ingredientes que Ana comprou. Esse total é maior ou menor que um quilo?

Resposta: ______________________________

b) Descubra o preço de um quilo do presunto e do queijo e veja qual deles é mais caro.

Resposta: ______________________________

2 Seu Antônio vendeu 26 quilogramas de carne de boi, 18 quilogramas de carne de porco e 12 quilogramas de frango. Júnior vendeu a metade dessa quantidade. Quantos quilogramas de carne Júnior vendeu?

Resposta: ______________________________

LIÇÃO 20

Nosso dinheiro

O Real

A unidade monetária do Brasil é o **Real**.
O símbolo do real é **R$**.

Cédulas

R$ 2,00

R$ 5,00

R$ 10,00

R$ 20,00

R$ 50,00

R$ 100,00

Moedas

1 centavo

5 centavos

10 centavos

25 centavos

50 centavos

1 real

ATIVIDADES

1 Escreva as quantias por extenso.

a) R$ 75,00 ______________________________

b) R$ 50,00 ______________________________

c) R$ 82,00 ______________________________

d) R$ 285,00 ______________________________

e) R$ 46,80 ______________________________

f) R$ 315,00 ______________________________

g) R$ 12,00 ______________________________

h) R$ 8,00 ______________________________

i) R$ 489,00 ______________________________

j) R$ 126,00 ______________________________

2 Represente numericamente as quantias por extenso.

cento e quarenta reais	R$
quinze reais	R$
noventa reais	R$
quarenta e oito reais	R$
oitenta e três reais e dez centavos	R$
duzentos e setenta e dois reais	R$
quinhentos reais	R$
setenta e sete reais	R$
vinte e nove reais e vinte centavos	R$

3 Vamos fazer compras na papelaria "Eu gosto".
Veja os preços de alguns produtos vendidos na papelaria.

PRODUTOS	PREÇO (R$)
5 lápis pretos	2,00
Caderno espiral 200 folhas	12,00
Caneta marca-texto	3,00
Caixa de giz de cera	4,00
Caixa de 12 lápis de cor	9,00
Calculadora simples	5,00
Régua de 30 centímetros	2,00
Tesoura com pontas arredondadas	4,00
Pasta com elástico	3,00
2 borrachas	1,00
Apontador para lápis	2,00
Caderno de 50 folhas capa dura	6,00

Responda.

a) Qual é o produto mais caro? ______________________

b) Qual é o produto mais barato? ______________________

c) Ana comprou 3 cadernos de 50 folhas de capa dura. Quanto ela gastou? ______________________

d) Paulo comprou uma pasta com elástico e uma tesoura. Pagou com uma nota de R$ 10,00. Quanto recebeu de troco? ______________________

e) Luís tem R$ 14,00 e precisa de uma caixa de lápis de cor. O que ele pode levar a mais para gastar todo seu dinheiro?

____

____

PROBLEMAS

Não se esqueça de escrever a resposta completa para a pergunta do problema.

1 Anita tinha R$ 500,00. Ganhou R$ 280,00 de seu pai. Quanto dinheiro Anita tem agora?

Cálculo

Resposta: ______________________________

2 Marcos tinha R$ 650,00. Gastou R$ 280,00. Quanto dinheiro sobrou?

Cálculo

Resposta: ______________________________

3 Júlia quer comprar uma bicicleta que custa R$ 300,00, mas só tem R$ 270,00. Quanto falta para que ela possa comprar a bicicleta?

Cálculo

Resposta: ______________________________

4 Carla tem 3 caixinhas e colocou R$ 15,00 em cada uma delas. Quantos reais Carla tem ao todo?

Cálculo

Resposta: ______________________________

5 Francisco pagou com R$ 100,00 uma despesa de $\frac{1}{4}$ desse valor. Quanto vai receber de troco?

Cálculo

Resposta: ______________________________

6 Vanessa deu 2 cédulas de R$ 100,00 para pagar uma despesa de R$ 170,00. Quanto recebeu de troco?

Cálculo

Resposta: ______________________________

7 Luciana e Andreia juntaram as quantias que tinham e compraram 2 sorvetes (de mesmo preço). Luciana tinha R$ 4,00 e Andreia, R$ 2,00. Quanto custou cada sorvete?

Cálculo

Resposta: ______________________________

8 Pedro ganhou R$ 500,00 por um trabalho e R$ 300,00 pela venda de uma bicicleta. Gastou R$ 400,00 e guardou o restante. Quanto Pedro guardou?

Cálculo

Resposta: ______________________________

9 Utilize as cédulas e as moedas do Almanaque para resolver as atividades.

Descubra as combinações que você pode fazer com cédulas e moedas para obter as seguintes quantias e registre da forma como preferir.

a) cédulas de 10 reais e 5 reais

Quantia a ser obtida: R$ 30,00

b) cédulas de 5 reais e moedas de 1 real

Quantia a ser obtida: R$ 25,00

c) moedas de 50 centavos e 25 centavos, cédulas de 5 reais

Quantia a ser obtida: R$ 20,00

d) cédulas de 5 reais, moedas de 1 real e moedas de 50 centavos

Quantia a ser obtida: R$ 22,00

EU GOSTO DE APRENDER+

1 Leia o problema.

Martin recebe um salário bruto de R$ 1 350,00. Seu salário sempre vem com descontos fixos de 430,00. Esse mês ele teve um prêmio de R$ 350,00.
A. Qual é o valor do salário de Martin com o desconto?
B. Qual foi o valor do salário bruto de Martin junto com o prêmio?

Salário bruto é o pagamento mensal que um trabalhador recebe sem considerar os descontos oficiais obrigatórios, como o INSS e o Imposto de Renda.

a) Esse problema tem quantas perguntas? ____________________

b) Que operação será necessária para responder cada pergunta do problema? ____________________

c) Agora resolva os dois problemas, indicados pelas perguntas A e B do problema de Martin.

Cálculo

Respostas:

A: O valor do salário de Martin com o desconto é ____________________

B: Juntos, o salário bruto e o prêmio, somam o valor ____________________

2 Elabore dois problemas envolvendo situações de dinheiro: um precisa ser resolvido com uma adição e outro com uma subtração.

- Troque seus problemas com um colega e resolva os problemas elaborados por ele.

ALMANAQUE

Material Dourado

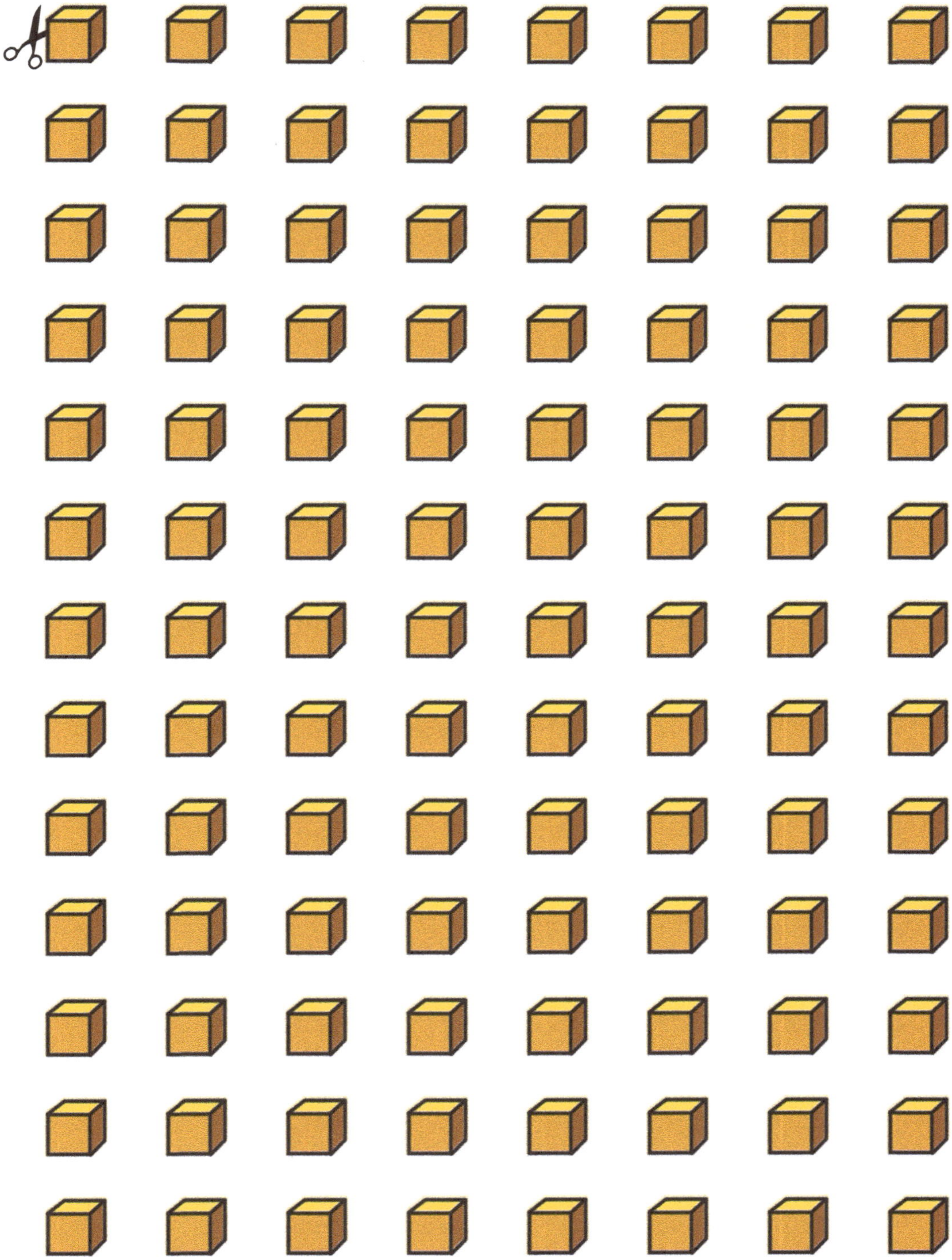

Material Dourado

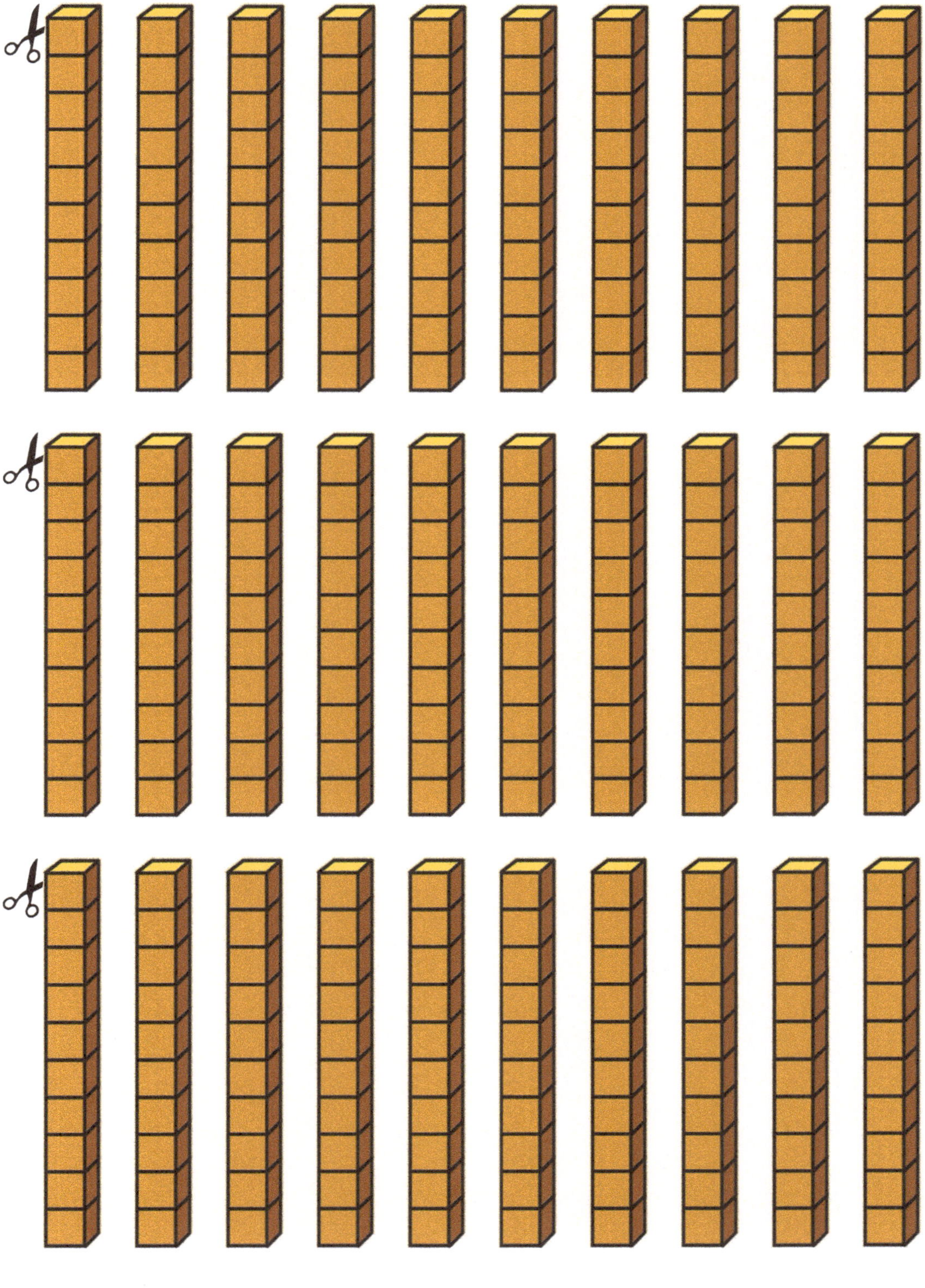

Material Dourado

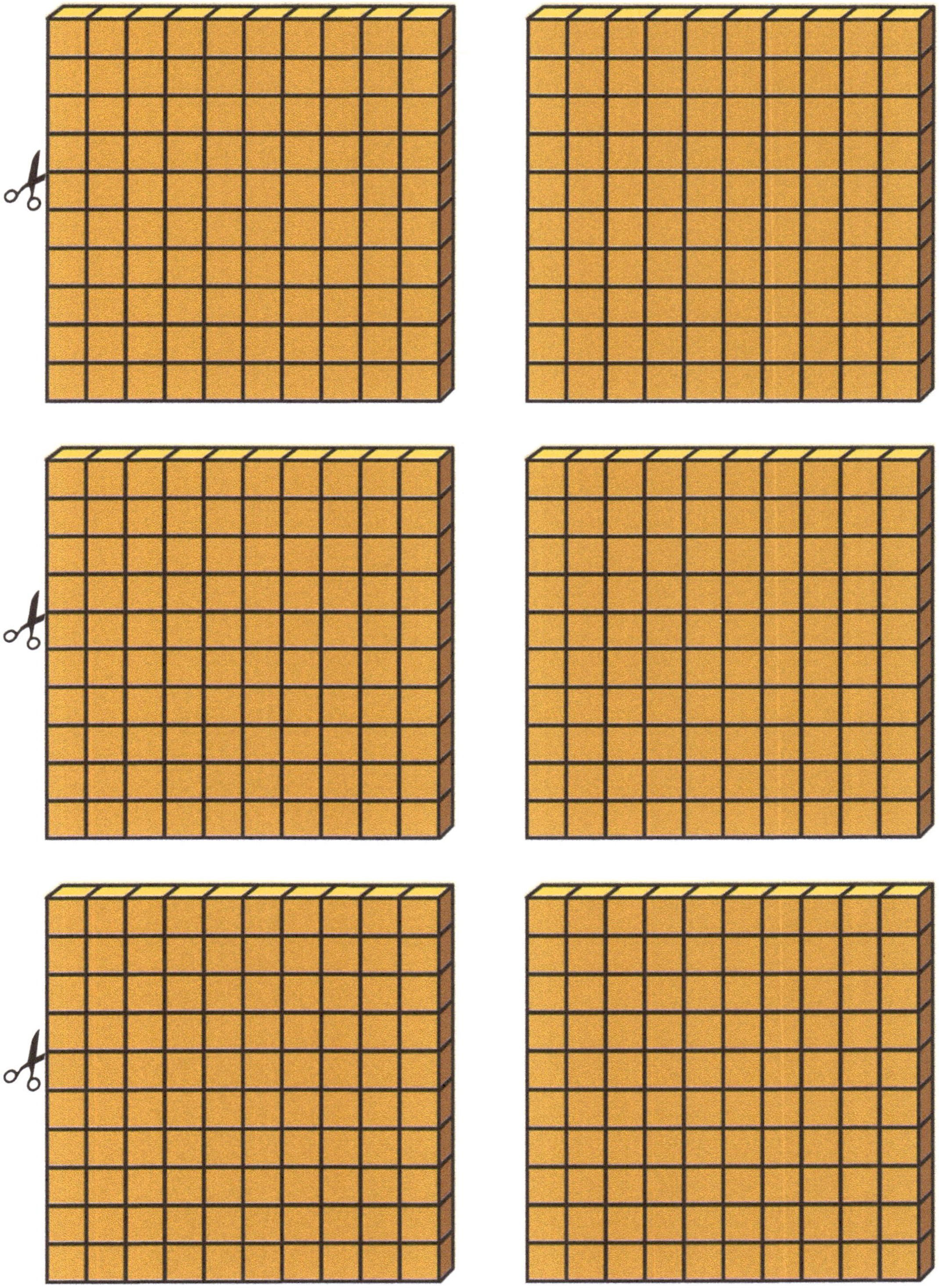

Material Dourado

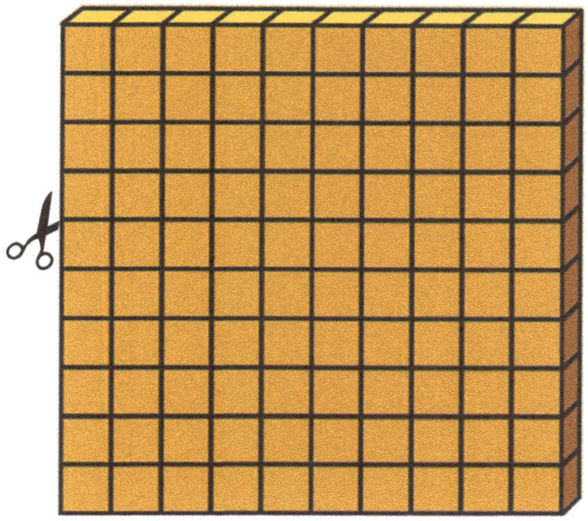

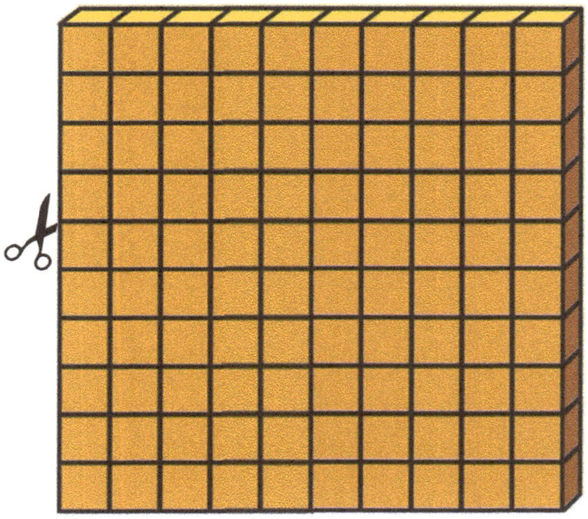

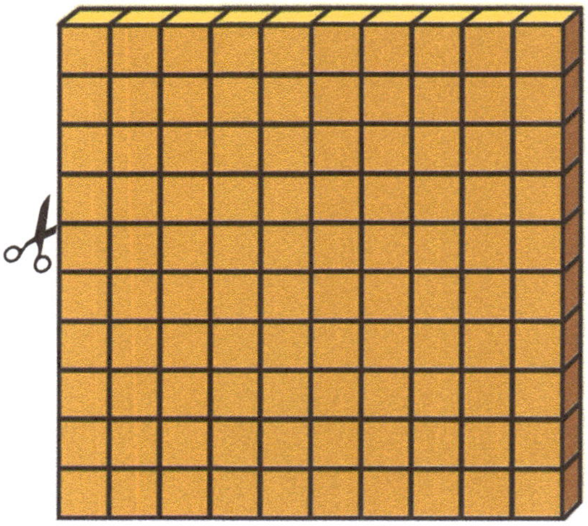

Material Dourado

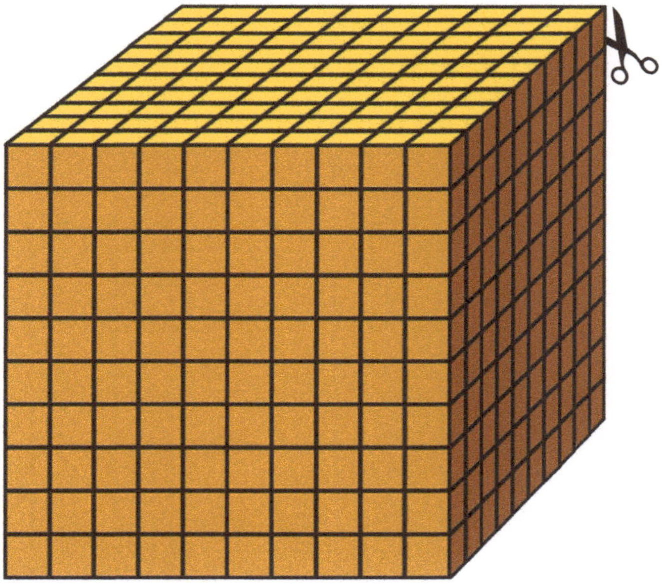

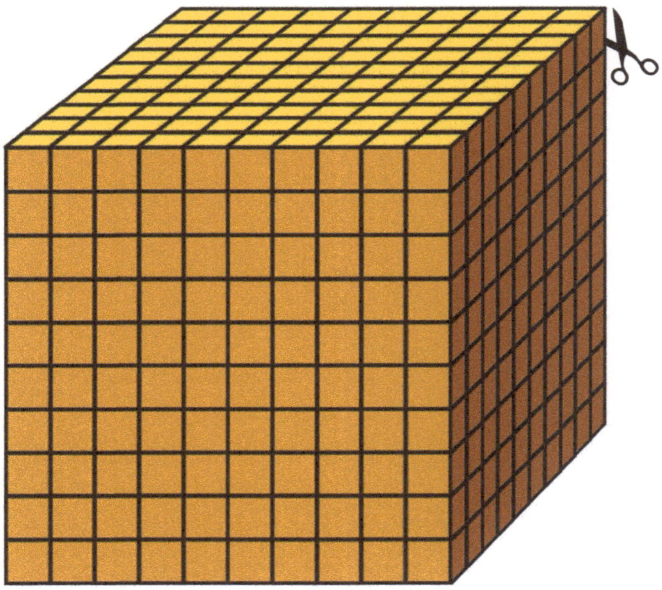

Material Dourado

Escola: ______ Ano e turma: ______

Nome: ______

Cole aqui

Cole aqui

Cubo

Paralelepípedo

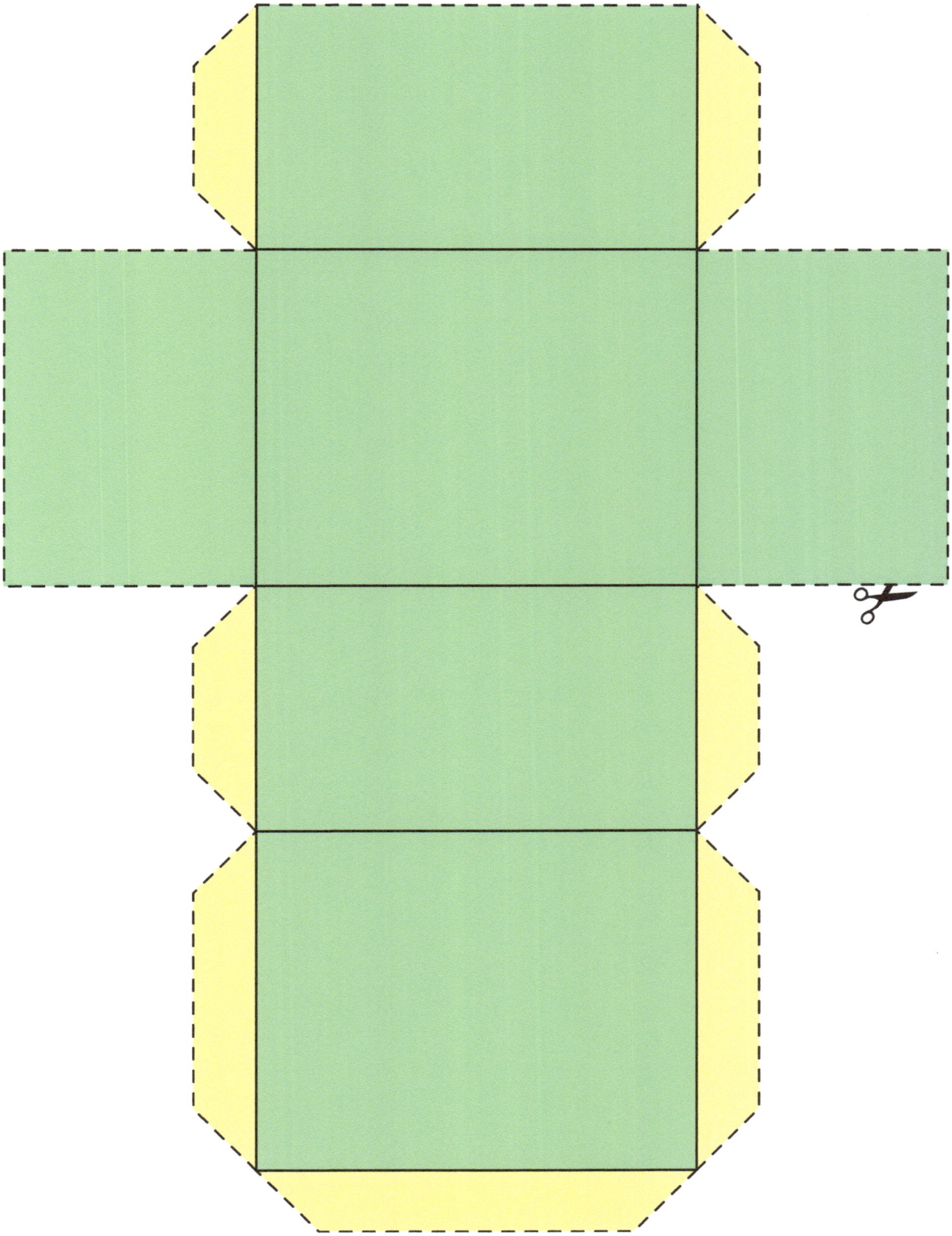

Pirâmide

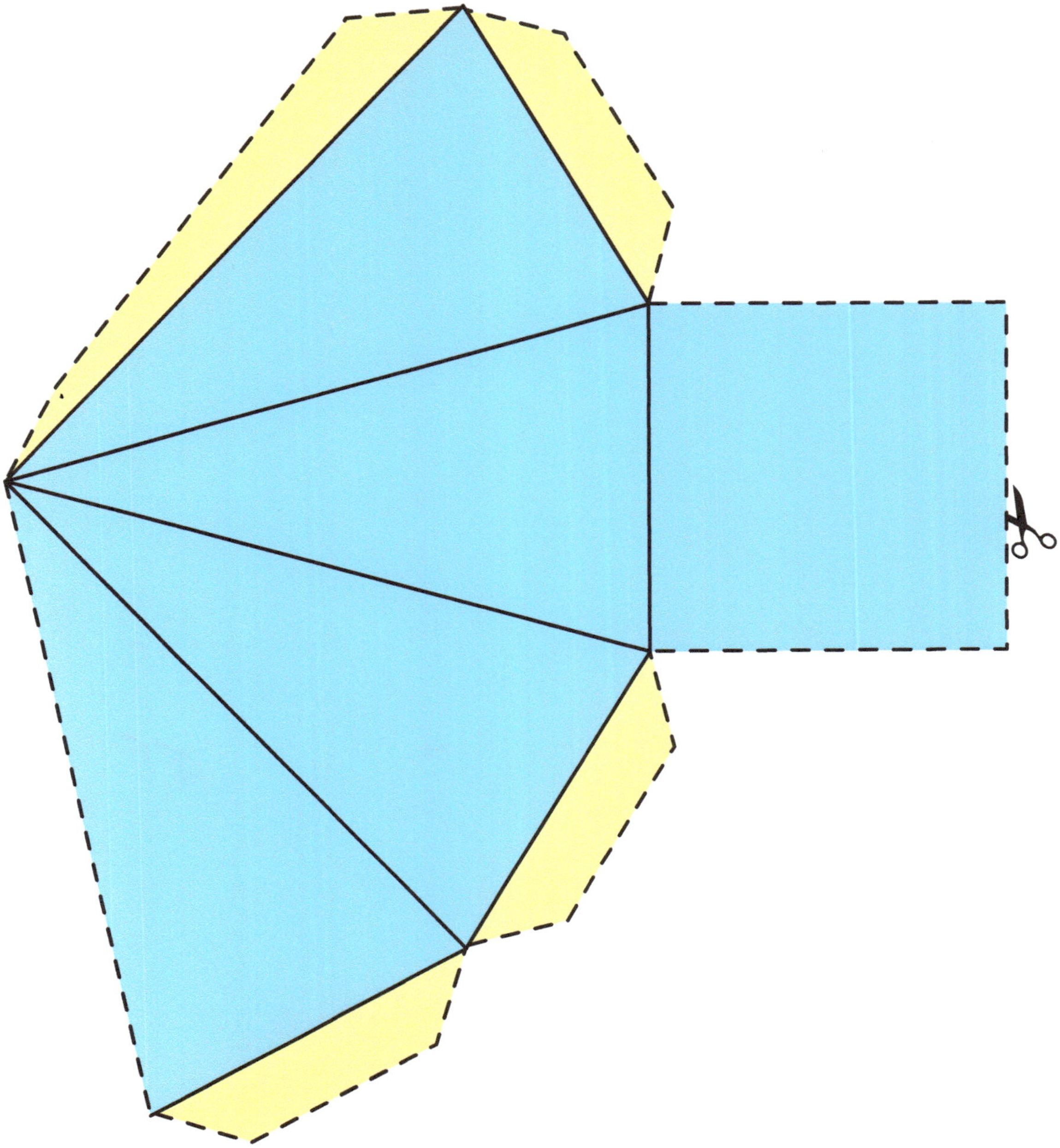

Cilindro

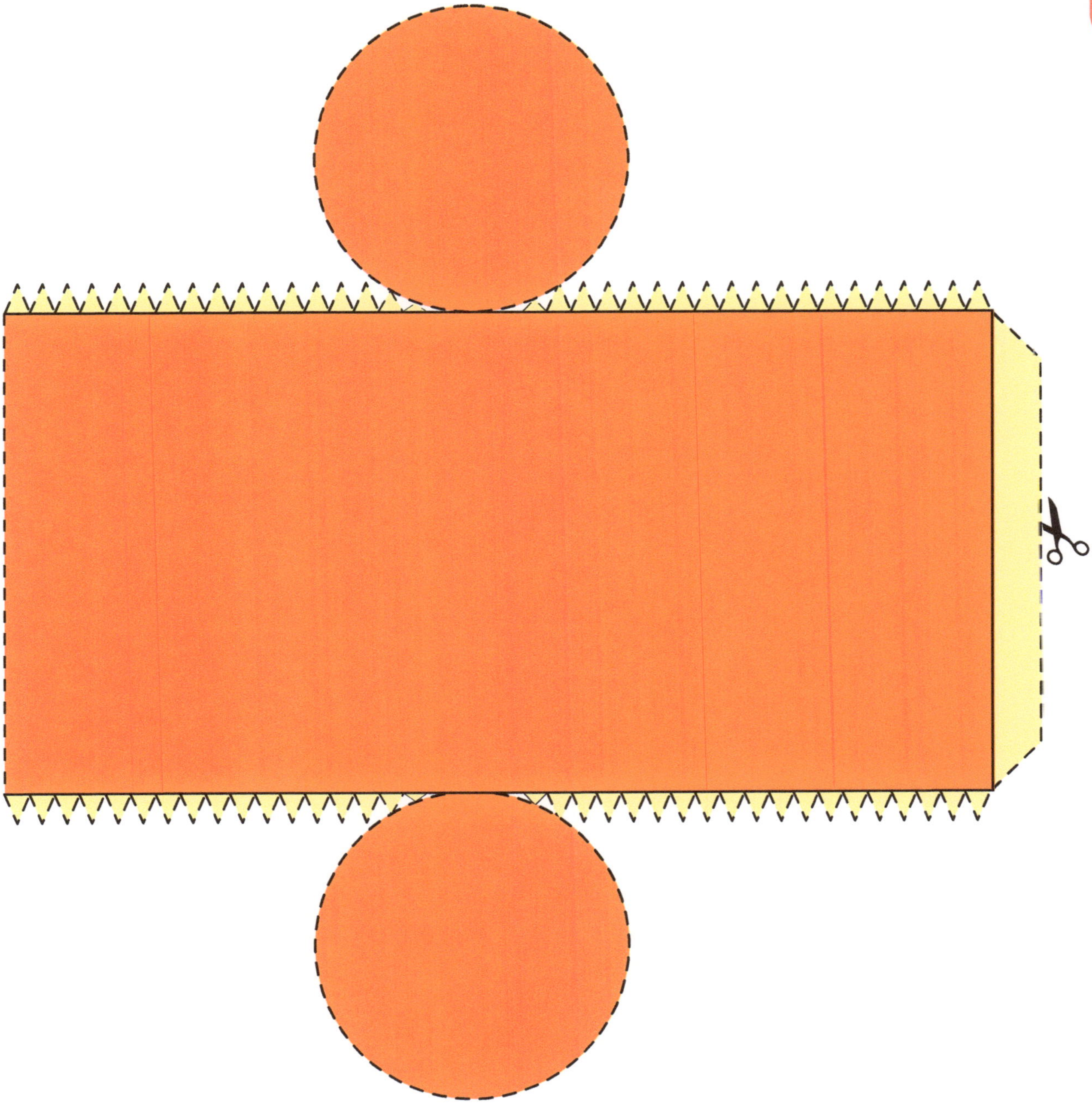

Cone

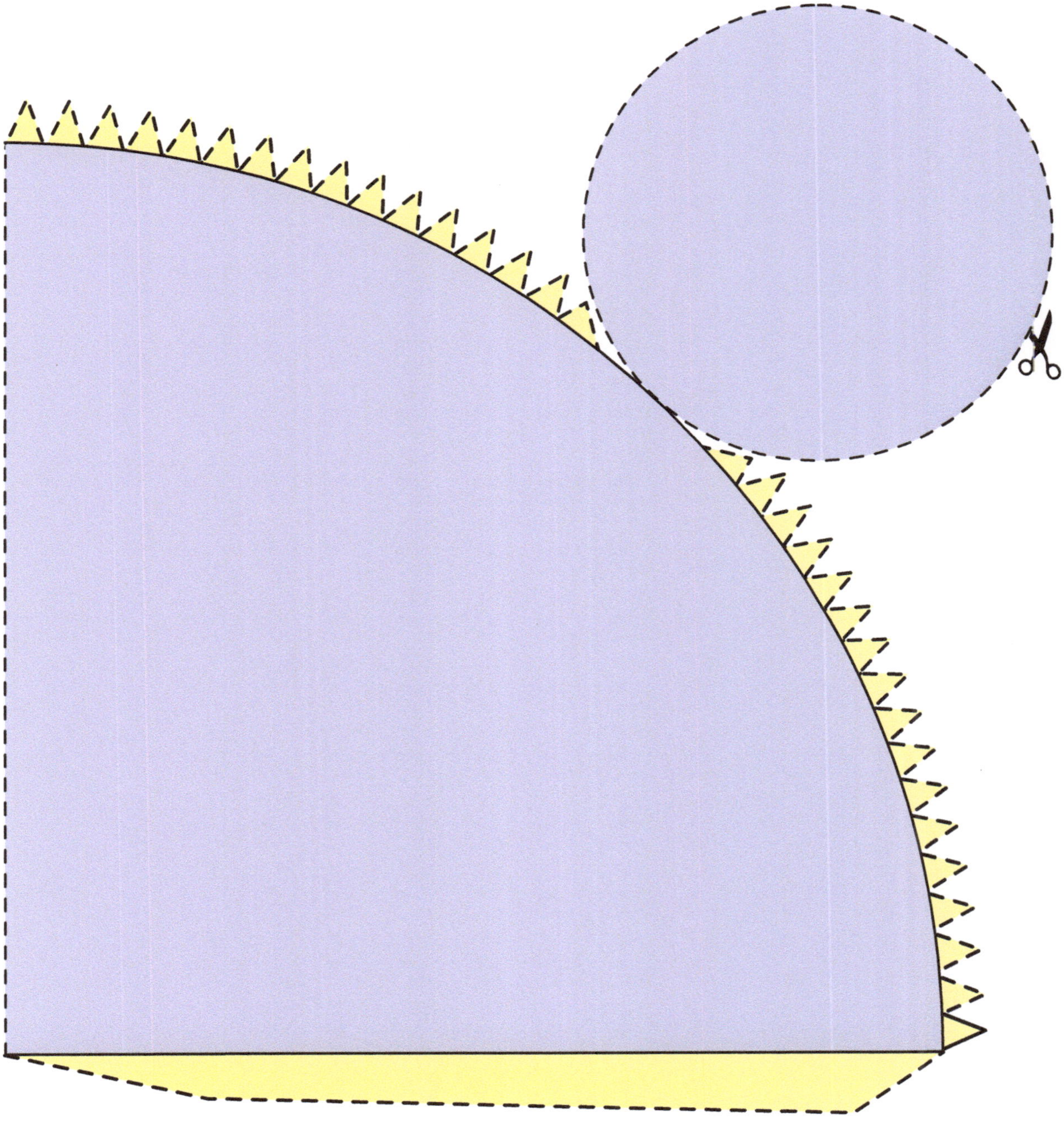

Jogo do resto

Agora que você já sabe o que é uma divisão não exata, vamos aprender a jogar com o resto!

- Forme uma dupla com um colega.
- Utilize o tabuleiro da página 219 do Almanaque.
- Destaque as cartas e os marcadores da página 221 do Almanaque.
- Decidam quem será o primeiro jogador.
- Embaralhem as cartas e formem um monte com todas viradas para baixo.
- Cada jogador, na sua vez, retira a primeira carta do monte e calcula a divisão apresentada. A carta pode voltar para baixo do monte.
- O jogador deverá movimentar seu marcador de acordo com o resto da divisão resolvida. Por exemplo, se na divisão 24 : 7 o resto é 3, o jogador deverá andar 3 casas. Se o resto for zero, o jogador não movimentará seu marcador.
- Vence o jogo quem alcançar a *chegada* primeiro.

Tabuleiro

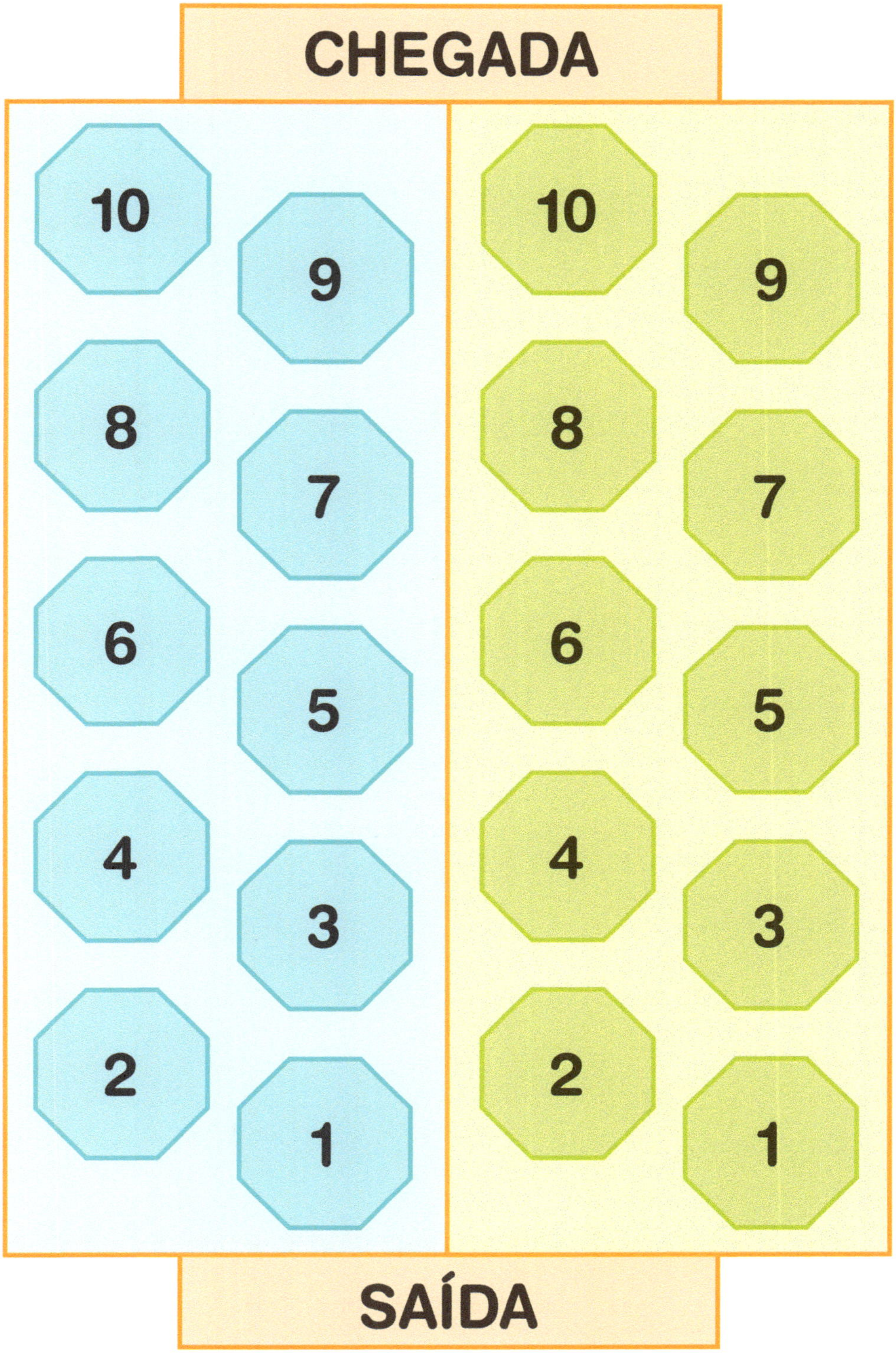

Cartas e marcadores

$14 \div 7$	$20 \div 5$	$36 \div 6$
$16 \div 2$	$55 \div 9$	$24 \div 7$
$43 \div 6$	$64 \div 9$	$74 \div 8$
$83 \div 9$	$33 \div 4$	$50 \div 8$
$14 \div 3$	$27 \div 8$	$48 \div 9$
$59 \div 7$	$19 \div 4$	$20 \div 3$

Relógio de ponteiros

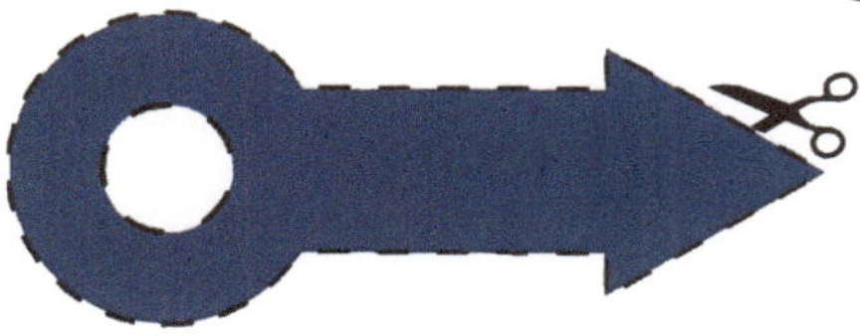

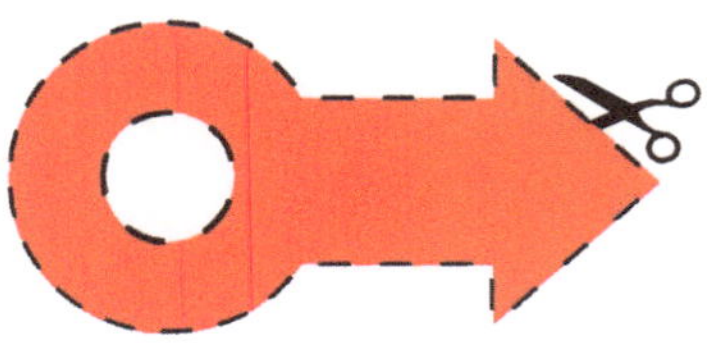

eixo dos ponteiros

Parte integrante da Coleção Eu Gosto M@is - Matemática 3º ano - IBEP.

Régua de 1 metro

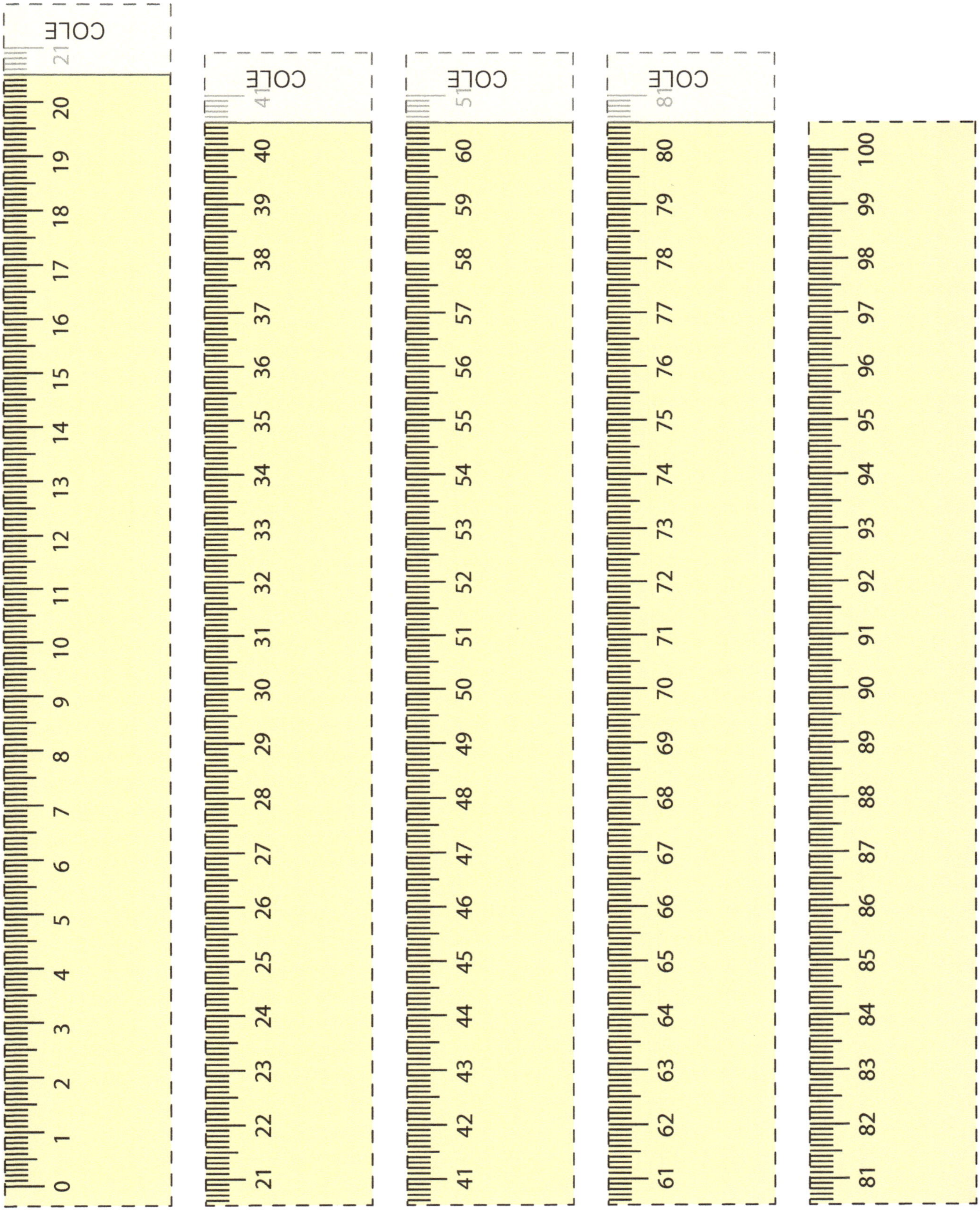

Moedas

1 REAL
50 CENTAVOS
25 CENTAVOS
10 CENTAVOS
5 CENTAVOS
1 CENTAVO

Cédulas

5
REPÚBLICA FEDERATIVA DO BRASIL
5 REAIS

5
REPÚBLICA FEDERATIVA DO BRASIL
5 REAIS

2
REPÚBLICA FEDERATIVA DO BRASIL
2 REAIS

2
REPÚBLICA FEDERATIVA DO BRASIL
2 REAIS

5
REPÚBLICA FEDERATIVA DO BRASIL
5 REAIS

5
REPÚBLICA FEDERATIVA DO BRASIL
5 REAIS

10
REPÚBLICA FEDERATIVA DO BRASIL
10 REAIS

10
REPÚBLICA FEDERATIVA DO BRASIL
10 REAIS

10
REPÚBLICA FEDERATIVA DO BRASIL
10 REAIS

10
REPÚBLICA FEDERATIVA DO BRASIL
10 REAIS

10
REPÚBLICA FEDERATIVA DO BRASIL
10 REAIS

10
REPÚBLICA FEDERATIVA DO BRASIL
10 REAIS

Cédulas

10
REPÚBLICA FEDERATIVA DO BRASIL
10 REAIS

20
REPÚBLICA FEDERATIVA DO BRASIL
20 REAIS

20
REPÚBLICA FEDERATIVA DO BRASIL
20 REAIS

20
REPÚBLICA FEDERATIVA DO BRASIL
20 REAIS

50
REPÚBLICA FEDERATIVA DO BRASIL
50 REAIS

20
REPÚBLICA FEDERATIVA DO BRASIL
20 REAIS

20
REPÚBLICA FEDERATIVA DO BRASIL
20 REAIS

20
REPÚBLICA FEDERATIVA DO BRASIL
20 REAIS

50
REPÚBLICA FEDERATIVA DO BRASIL
50 REAIS

100
REPÚBLICA FEDERATIVA DO BRASIL
100 REAIS

100
REPÚBLICA FEDERATIVA DO BRASIL
100 REAIS

100
REPÚBLICA FEDERATIVA DO BRASIL
100 REAIS

Envelope para Cédulas e Moedas

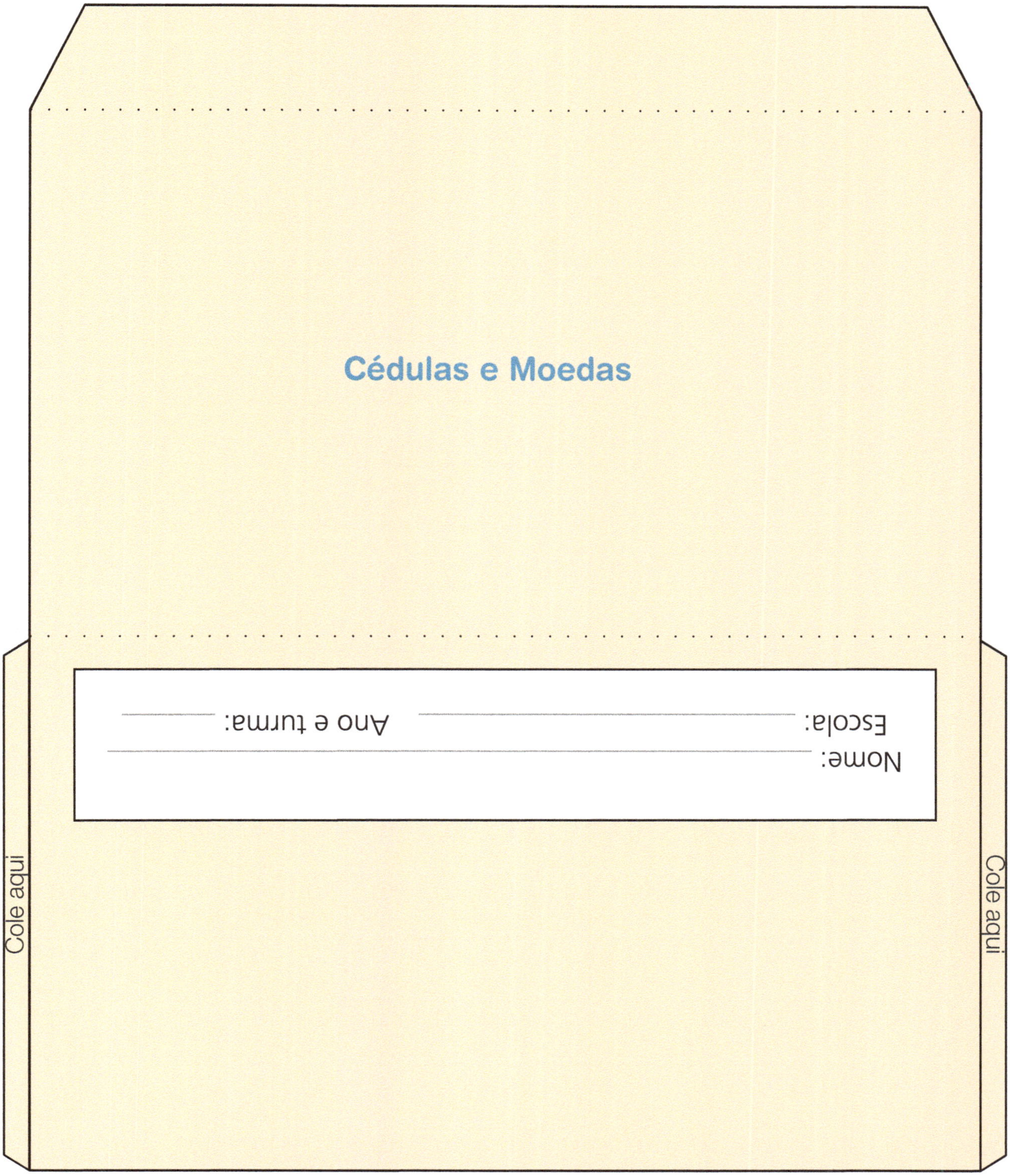

Figuras com linhas retas e linhas curvas

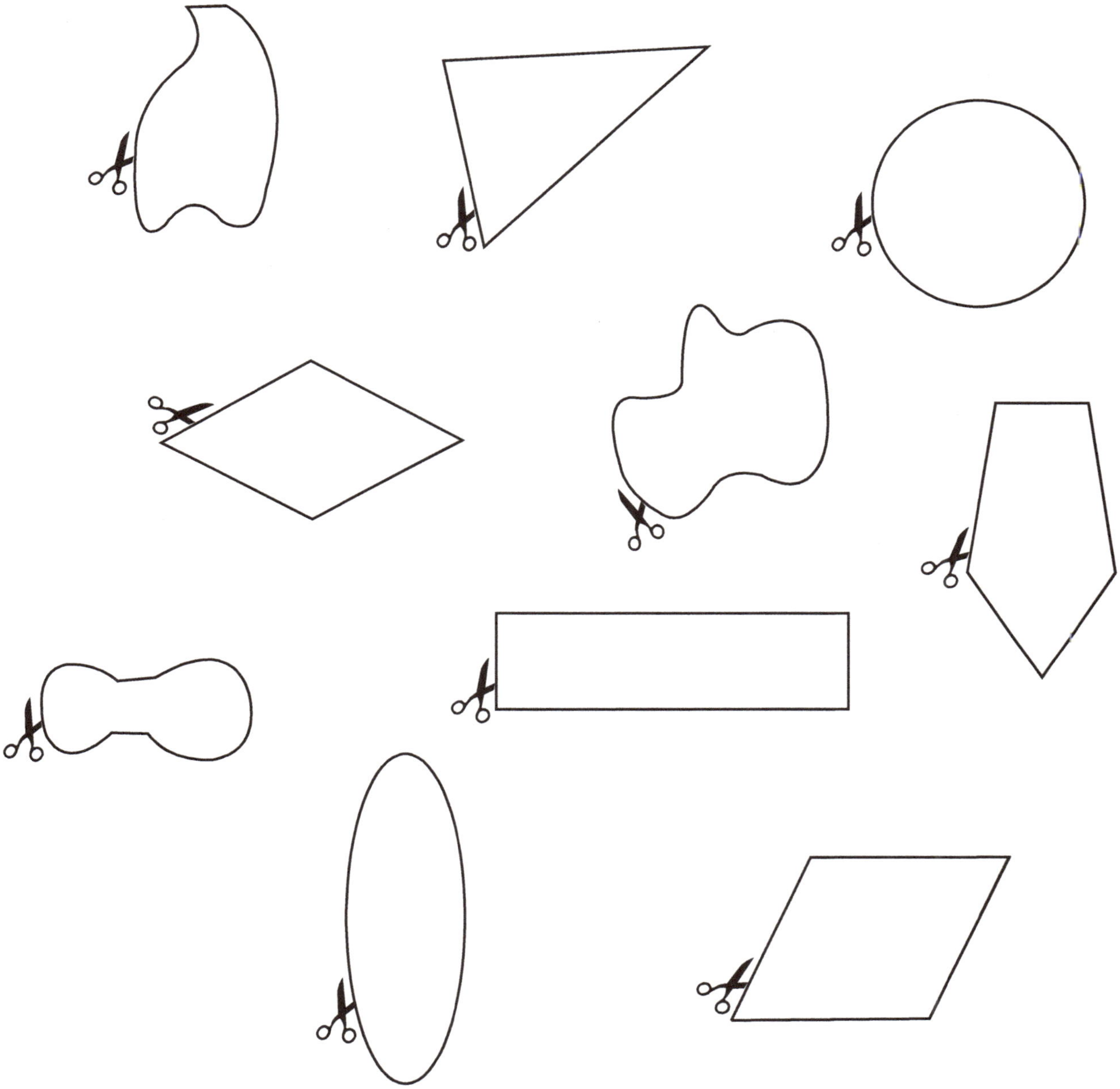

Figuras com linhas retas

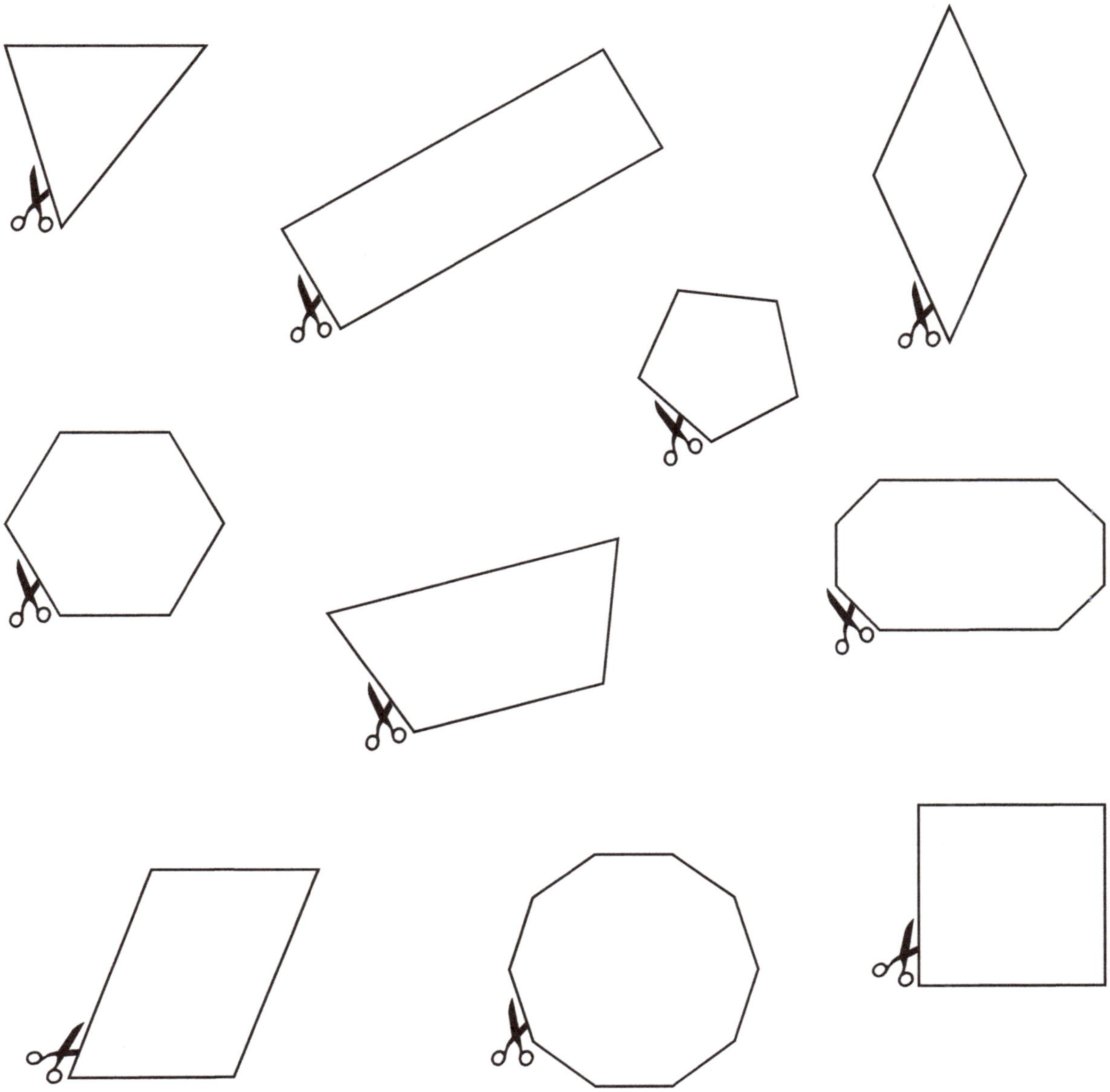